Peter Struck
Hannover in 3 Tagen

Der Autor dankt der Stiftung Ahlers Pro Arte gemeinnützige GmbH sowie der HannoverStiftung und der NORD/LB,
ohne deren finanzielle Unterstützung dieses Buch nicht hätte entstehen können.

HannoverStiftung
Stiftung der Sparkasse Hannover

NORD/LB

Peter Struck

HANNOVER IN 3 TAGEN

Ein kurzweiliger Kulturführer

Bibliografische Information Der Deutschen Nationalbibliothek
Die Deutsche Nationalbibliothek verzeichnet diese Publikation
in der Deutschen Nationalbibliografie; detaillierte bibliografische Daten
sind im Internet über http://dnb.ddb.de abrufbar.

ISBN 978-3-89993-659-9

Anschrift des Autors
Dr. Peter Struck
Kronenstraße 7
30161 Hannover

Alle Fotos stammen vom Autor.

Gestaltung und Satz: Carsten Knospe, Hannover
Bildbearbeitung: PER Medien+Marketing GmbH, Braunschweig
Druck und Bindung: Messedruck Leipzig GmbH, Leipzig

INHALT

ZUR VERWENDUNG DES BUCHES

Der etwas andere Kulturführer gibt erstmals einen anschaulichen Überblick über 350 Jahre hannoverscher Kulturgeschichte. Institutionen, Personen und Ereignisse werden dabei nicht isoliert betrachtet, sondern in größere Zusammenhänge hannoverscher Traditionen und Eigentümlichkeiten eingebettet.

Das Buch gliedert sich in einen Textteil und einen Anhang mit 50 ausgewählten Sehenswürdigkeiten. Die Lektüre des Hauptteils bietet sich vor der Besichtigung der Sehenswürdigkeiten an; die im Anhang aufgelisteten Sehenswürdigkeiten sind auf zwei Stadtplänen verzeichnet und im Haupttext hervorgehoben.

Der Haupttext ist annähernd *chronologisch* in 22 Essays gegliedert, zusammen ergeben sie eine lebendige Kulturgeschichte, die man bequem in 3 Tagen lesen kann:

Je etwa ein Drittel des Buches behandelt

- die Zeit vor 1900 (Kapitel 1–10),
- die erste Hälfte des 20. Jahrhunderts (Kapitel 11–14) und
- die zweite Hälfte des 20. Jahrhunderts (Kapitel 15–22).

Der Anhang ist nach *kulturellen Sparten* gegliedert und enthält Kurzbeschreibungen zu 50 Sehenswürdigkeiten, die man anschließend in 3 Tagen erleben kann.

VORWORT

Dieser spröde Glanz
Des Namens, ausgesprochen
In norddeutschen Nächten:
Hannover …

KARL KROLOW

Es fängt schon beim Namen an: Hannover ist weder Fisch noch Fleisch, klingt wie nichts Halbes und nichts Ganzes, nüchtern, norddeutsch, niedersächsisch. Der Schriftsteller Wiglaf Droste drückt es etwas drastischer aus: „Hannover. Was für ein Wort! Kundigen wird der Mund trocken, ihr Magen zieht sich zusammen, das Blut fällt ihnen aus dem Gesicht direkt in die Füße." Woran das liegen mag, erklärt der Theaterkritiker Herbert Ihering ganz treffend: „Hannover ist eine schöne Stadt, aber leidenschaftslos, sauber und klar, ohne Phantasie", eine „kühle, ruhige, schicksalsferne Stadt", eine Stadt „ohne Temperament" und „intensive Farben".

„Wenn es einen Grund gibt, Hannover zu besuchen, dann ist es die Atmosphäre der Zwanglosigkeit, die von einer Stadt ausgeht, in der es nichts gibt, das man gesehen haben muss", behauptet der Schriftsteller Peter Düker. Die Stadt entfaltet „auf allen Gebieten ein recht reges kulturelles Leben, nur eben kein spezielles", mutmaßt der ehemalige Kulturdezernent Heinz Lauenroth. Und die Journalistin Ulla Plog erkennt: „Hannover hat keinen zentralen Glanz. Hannover, einmal muß es raus, ist keine Metropole. Aber es macht das Beste draus, keine zu sein. Unterhalb der magischen Marke lebt es sich prima." Die Lebensqualität ist, vom Wetter einmal abgesehen, einfach unschlagbar. Hannover hat eine überschaubare, geradezu ideale Größe, die Stadt ist groß genug, um Großstadt zu sein, aber immer noch übersichtlich geblieben. Für den Reichspräsidenten Paul von Hindenburg, der hier seinen Ruhestand verbringt, hat Hannover „in glücklicher Weise die Vorteile einer Großstadt nicht mit den Nachteilen einer solchen vereinigt." Für dessen Widersacher, den hannoverschen Philosophen Theodor Lessing, ist die Stadt das „Paradies der Mittelstädte, des Mittelstandes, der Bemittelten und jeder Mittelmäßigkeit".

Schon Lessings Jugendfreund Ludwig Klages bedauert, dass „keiner das allgemeine Maß in merklicher Weise überschreiten" darf. Hinzu

An der EXPO-Plaza

kommt die Beharrlichkeit der Hannoveraner, ihr „zu weit getriebener Respekt vor dem Überkommenen“, wie der Hannoverkenner Hans Joachim Toll bemängelt. Noch treffender formuliert es der Theaterkritiker Johann Frerking: „Kein Klima für Neuerer. […] Aufregung schadet dem Gedärm.“ Die kulturellen Impulse, die von Hannover ausgehen, sind das Werk einiger Weniger, die der Stadt den Rücken kehren, wenn sich anderswo bessere Möglichkeiten bieten. Auch die Hannoveraner mäkeln gern an ihrer Stadt herum, aber die wenigsten spielen ernsthaft mit dem Gedanken, Hannover für immer zu verlassen. Sie reisen viel, sind oft in Hamburg oder Berlin, leben aber doch lieber in Hannover: Der Alltag ist hier angenehmer, und schon immer war dem Hannoveraner das Nützliche wichtiger als das Schöne. „Der kluge Mensch“, so Peter Düker, „erkennt schnell, dass es wichtiger ist, um zwölf Uhr nachts einen Kiosk in der Nähe zu haben als das Deutsche Museum“. Der hannoversche Sinn für das Praktische fördert geradezu technische Neuerungen und Entwicklungen. Folgerichtig entsteht in Hannover eine höhere Gewerbeschule, die sich zur Technischen Hochschule entwickelt. Das Geistige siedelt über 100 Kilometer weiter südlich: in Göttingen. Auch wenn sich Hannover den Luxus von zwei Kunstvereinen leistet, ist der Sinn für den Luxus der Kunst nur verhalten ausgeprägt in einer Stadt, „deren Verhältnis zu den Künsten stets das einer braven Bürgerehe ohne Seitensprünge war“, moniert der Kritiker Friedrich Rasche.

Hannoveraner kennen die Vorzüge ihrer Stadt. Damit das auch so bleibt, behalten sie sie für sich und bezichtigen ihre Stadt der Provinzialität. „Der Hannoveraner hat es nicht nötig, andere Städte schlecht zu machen. Tatsächlich lässt er diese Ehre vorzugsweise der eigenen Stadt zuteil werden, um übermäßige Frequentierung durch Nicht-Hannoveraner zu verhindern“: Das schlechte Image von Hannover ist für Peter Düker ein raffinierter Trick, „der verhindern soll, dass zu viele Leute nach Hannover kommen. 500.000 ist die äußerste Grenze der Gemütlichkeit. Sicherheitshalber wurde ein roter Strich durch die Stadt gezogen, um die Touristen, die sich auch von der Werbung nicht abschrecken lassen, unter Kontrolle zu halten“. Wenn die Touristenströme Ausmaße wie zur EXPO 2000 oder zur WM 2006 annehmen, wird dem Hannoveraner regelrecht mulmig: es könnte ja schließlich etwas von der Lebensqualität durchsickern!

Tankstelle am Welfenplatz

Die Spezialität der Hannoveraner besteht für den Sprecher der hannoverschen Verkehrsbetriebe Udo Iwannek eben darin, „etwas zu genießen, ohne der ganzen Welt davon erzählen zu müssen.“ Für Hannoveraner sind die Vorzüge ihrer Stadt und die Besonderheiten ihrer Geschichte selbstverständlich. Das ist keine Koketterie. Möglich, dass das Understatement britischen Ursprungs ist. Perfektioniert wurde es in Hannover.

Hannover hat auch all das, womit sich selbstbewusstere Städte brüsten. Nur geht Hannover eben anders mit seinen Schätzen um – protestantisch und prosaisch. Man hängt sie nicht an die große Glocke, wie man hier zu sagen pflegt. Hannover ist nicht auf Wirkung aus. Diejenigen, die in Hannover das Weltstädtische und Weltläufige vermissen und ständig nach Berlin, Hamburg oder München schielen, vermissen meist nur die große Bühne, auf der sie selbst glänzen können – das geht in Hannover nicht.

NORD/LB und Neues Rathaus

„Das Naturell der Niedersachsen und mithin auch der Hannoveraner neigt nicht zu Eskapaden, Manifestationen eines barocken Lebensgefühls und Übertreibungen jeglicher Art“, urteilt der NDR-Mann Giselher Schaar. Für Außenstehende fehlt es den Hannoveranern deshalb an Lebensfreude und Humor. Letzterer ist eben eher hintergründig und versteckt, kommt um ein paar Ecken. Trifft dann aber umso härter. Dasselbe betrifft die Stadt. Es gibt Städte, deren Reize sofort ins Auge springen, bei anderen bedarf es eines zweiten Blicks. Hannover ist Liebe auf den dritten Blick – die Liebe zu einer spröden, doch soliden Schönheit.

Auch in Hannover herrscht kein Mangel an Sehenswürdigkeiten. Auch hier stehen Bauten von Gropius *(Abb. S. 65)* und Gehry, von Behrens, Behnisch, Böhm und Bonatz, ja sogar ein Van de Velde *(Abb. S. 70)*. Aber alle sind sie untypisch, etwas eigenartig, eben anders. Das ist hier nichts Besonderes: Hannovers Schauspielhaus verströmt den Charme eines Hallenbades, das Stadionbad erinnert dagegen an eine Konzerthalle. Die Universität residiert in einem Schloss, ein schlossartiges Monstrum ist das Rathaus. Der alte Fernsehturm mutet an wie ein abgenagter Apfelgripsch, der neue, viereckige(!) Fernsehturm ist mit einer rucksackartigen Geschwulst versehen. Einzigartig dürfte auch die Tankstelle am Welfenplatz sein, unter deren Dach es nachts heller ist als am Tage!

Der Generalnenner des hannoverschen Wesens ist kein Gleichmaß, sondern ein Gleichgewicht, für den Autor des *Hannoverschen Wörterbuchs,* Hans Joachim Toll, gar eine „Harmonie der Gegensätze“ – das selbstverständliche, gleichwertige und direkte Nebeneinander von Provinzialität und Weltoffenheit, von Rückständigkeit und Fortschritt, von Landschaft und Urbanität, von Beständigkeit und Vergnügen. Gerade letzteres beginnt mit dem barocken Karneval und gipfelt vorerst auf der Weltausstellung im Jahr 2000.

Viel Spaß daher bei der Lektüre dieser konzentrierten Kulturgeschichte.

Peter Struck

AM ANFANG WAR DER WEG

Der Auswärtige verbindet wenig mit der Stadt: Hannover liegt an keinem richtigen Fluss, hat keinen richtigen Hafen und keine richtigen Berge, die diesen Namen verdienen. Die Stadt befindet sich im geografischen Niemandsland, irgendwo inmitten der norddeutschen Tiefebene. Oder um mit Harald Schmidt zu sprechen: „Hannover liegt zwar nicht am Arsch der Welt, aber man kann ihn von da aus gut sehen." Hier irrt Herr Schmidt: Es war gerade die verkehrsgünstige Lage der Stadt, die ihre Entstehung und Entwicklung bestimmte: Hannover entstand am Schnittpunkt der zentralen europäischen Fernhandelsstraßen und war schon immer Drehscheibe für Durchreisende. Für Wiglaf Droste hat „die Stadt, aus der Gerhard Schröder kroch, auch ein Gutes. Man kann sie leicht verlassen. Zugreisende wissen es längst: Hannover ist geradezu ideal zum Umsteigen und Wegsein".

Hindenburgschleuse

Die Rolle des Verkehrsknotenpunkts wird mit der einsetzenden Industrialisierung kontinuierlich ausgebaut. Vor allem dem Bau der Bahn 1843 verdankt Hannover das Aufblühen zur modernen Großstadt. 1847 erscheint der erste hannoversche Stadtführer, Hauptattraktion ist der gerade fertig gestellte Bahnhof. Im 20. Jahrhundert wird Hannover auch eine wichtige Station auf dem Wasserweg: 1916 erreicht der Mittellandkanal Hannover und die Stadt erhält vier Häfen. 1928 wird in Anderten die **Hindenburgschleuse** eingeweiht, die größte Binnenschifffahrtsschleuse Europas. In den 1920er Jahren ist Hannover dann Zwischenstation auf Deutschlands erster internationaler Luftfahrtroute zwischen Berlin und London, in den 1930er Jahren wichtiger Knotenpunkt beim Autobahnbau. Vor allem nach dem 2. Weltkrieg erweist sich die günstige Verkehrslage als wichtigstes Grundkapital der Stadt: Sie ist hauptverantwortlich die den Erfolg der Messe, die Messe wiederum Motor für den schnellen Wiederaufbau der Stadt und den Bau des neuen Flughafens in Langenhagen. Die benötigte Infrastruktur der Messe fördert den Ausbau Hannovers zur autogerechten Stadt. Und ohne die vorhandene Infrastruktur des Messegeländes hätte im Jahr 2000 die EXPO nicht in Hannover stattgefunden.

Hannovers Herz schlägt am Kröpcke, keinem historischen Platz, sondern einem Verkehrsknotenpunkt, der als Folge eines Straßendurchbruchs erst Ende des 19. Jahrhunderts entsteht. Seinen Namen erhält der Platz vom einst geruhsamen *Café Kröpcke* am Rande des Opernplatzes, das in den 1920er Jahren zum Nervenzentrum der pulsierenden Metropole wird; zur Insel im Strom des ringsum brandenden Verkehrs: Bis zum 2. Weltkrieg treffen alle Durchgangsstraßen hier zusammen, erst danach behebt man diesen Mangel: „Der Baedeker schrieb 1970: ‚Im Zweiten Weltkrieg wurde die Stadt schwer getroffen; sie ist aber inzwischen beispielhaft wiederaufgebaut worden, wobei besonders die Verkehrsplanung als vorbildlich gelten kann.‘ Dem – äh – haben wir nichts hinzuzufügen“, vermerkt die Broschüre zum Roten Faden, einer auf das Pflaster gemalten Linie, die an den wichtigsten Sehenswürdigkeiten vorbeiführt. Und der Architekturspezialist Wolfgang Pehnt stellt fest: Beim Aufbau Hannovers zur „autogerechten“ Stadt „begnügte man sich nicht mit Retuschen, sondern strukturierte das gesamte Straßennetz neu“. Da wird eine Hauptverkehrsader auch schon mal mitten über einen Friedhof geführt! Und zum Symbol des Neuen Hannovers gerät der Verkehrskreisel; mittlerweile sind fast alle Kreisel allerdings wieder zu Ampelkreuzungen zurückgebaut.

Der Verkehr hat hier seit jeher Vorrang, Hannover ist immer wieder Vorreiter im Verkehrswesen. Hier entsteht der erste deutsche Durchgangsbahnhof mit all seinen Problemen, hier werden 30 Jahre später – erstmalig in der Welt – Straßen- und Eisenbahnverkehr durch das Hochlegen der Bahndämme voneinander getrennt. In den 1960er Jahren wird das innovative Verkehrssystem der Stadtbahn eingeführt, einer kombinierten Straßen- und U-Bahn, die unter der Innenstadt hindurch fährt und außerhalb des Zentrums wieder ans Licht kommt. Seit den 1990er Jahren haben Bus- und Bahnverkehr in Hannover Vor-

Busstop von Gehry am Braunschweiger Platz

fahrt: Die Fahrer der öffentlichen Verkehrsmittel können die Ampelschaltungen maßgeblich beeinflussen – sehr zum Ärger der Autofahrer.

Den Stellenwert der öffentlichen Verkehrsmittel zeigt ihre Behandlung als Designobjekte: die Busse stammen von James Irvine, die stromlinienförmigen Stadtbahnen von Jasper Morrison. Den **Gehry-Tower**, die Firmenzentrale der hannoverschen Verkehrsbetriebe *üstra* (Überlandwerke und Straßenbahnen Hannover AG) hat kein geringerer als Stararchitekt Frank O. Gehry entworfen. Von ihm stammt auch einer der neun **Busstops**, die internationale Designgrößen in den 1990er Jahren gestalten. Doch abgesehen von der fehlenden Funktionalität der meisten Unterstände, deren Dächer zu knapp bemessen und zu hoch angebracht sind, wirken gerade die grellen Haltestellen der Topdesigner Gehry, Sottsass und Mendini nicht selten deplaziert: „Neckisch vergoldete Hütchen" des Mendini-Busstops am Steintor machen für den Journalisten Jochen Stöckmann „der Kuppel des Anzeiger-Hochhauses unnötig Konkurrenz, die klotzige Anlage verstellt den Raum eher, als dass sie ihn betont". Auch dem Autor Thomas Kapielski missfällt dieser Bau: „Ein Straßenbahnhof sah aus wie ein jugendmöblierter Raketenstartplatz! Es drehten sich Dönersäulen drum herum um eigene Achsen. Allerorten alles arg verschwittert." Im Sog der Designer-Busstops entstehen dann die schlichteren Haltestellen der neuen D-Linie zum EXPO-Gelände.

Auf der anderen Seite ist Hannover eine regelrechte „Stadt der Bewegung", oder besser: der Fortbewegung und Beförderung. Die lange Tradition der Pferde- und Reiterstadt wird früh von technischen Fortbewegungsmitteln aufgegriffen – der Lokomotive, der „Elektrischen" und dem sogenannten „Selbstfahrer", dem Automobil: Die *Hannoversche Maschinenbau AG Hanomag* stellt Lokomotiven, Kleinwagen und Lkws her, die *Hannoversche Waggonfabrik HAWA* Eisenbahnwaggons, Straßenbahnen, Flugzeuge und Elektroautos, Volkswagen Transporter. *VARTA* (Vertrieb, Aufladung, Reparatur transportabler Akkumulatoren) produziert Akkus und Batterien, die *Continental-Caoutchouc- u. Gutta-Percha-Compagnie* Reifen und Schläuche und fördert ganz entschieden die hannoverschen Motorradrennen in der Eilenriede und den Radsport: Hannovers Radwegenetz wird nur noch von Münster übertroffen. 1903 gelingt Karl Jatho, vier Monate vor den Brüdern Wright, auf der Vahrenwalder Heide der erste Motorflug der Welt, später gründet er die *Hannoverschen Flugzeugwerke* und konstruiert Flugzeuge. 1928 werden auf der Vahrenwalder Heide erste Raketenversuche unternommen, 1931 umrundet die hannoversche Kunstfliegerin Elly Beinhorn die Welt per Flugzeug. Schließlich ist es kein Zufall, dass der größte europäische Reiseveranstalter, die *Touristik Union International TUI*, seinen Hauptsitz in Hannover hat.

U-Bahn-Station Kröpcke von Ghini

Hannovers Funktion als Wegekreuz sorgt für vielfältige Einflüsse. Die Industrialisierung führt Ende des 19. Jahrhunderts zu einer regelrechten Bevölkerungsexplosion, nach dem 2. Weltkrieg wird Hannover auch zur Drehscheibe des Flüchtlingsstroms aus dem Osten. Die Tradition der hannoverschen Mundart, ein behäbiges Platt mit spitzem S, geht dabei allmählich verloren. Hannover ist eine Stadt, die wie selbstverständlich immer wieder neue Anregungen von außen aufnimmt, ohne ihr Wesen zu verleugnen. Hannovers Tradition liegt in der Innovation: Die *Frankfurter Neue Presse* kommentiert im September 1970: „In Hannover fällt den Leuten immer etwas ein. Gleich nach dem Krieg ist ihnen eingefallen, daß sie eigentlich eine vorbildliche Stadtplanung machen könnten, und das haben sie dann auch getan. Wahrscheinlich gibt es in der ganzen Bundesrepublik keine Großstadt, in die man so leicht hineinfahren oder aus der man so leicht entkommen kann."

2

VOM TRAUM ZUM TRAUMA

Dass der Hannoveraner nicht gerade stolz auf seine Herkunft ist, hat tiefe historische Wurzeln. Das Stigma des Hannoveraners ist die Provinzialität, sein Trauma heißt „Personalunion". Und die ist untrennbar mit dem Geschlecht der Welfen verbunden, einem der ältesten Fürstenhäuser Europas, das den Höhepunkt seiner Machtentfaltung bereits unter Heinrich dem Löwen erlebt. Heinrich hält 1163 einen Hoftag in Hannover ab – auf dem Areal des heutigen Ballhofplatzes, der Keimzelle der späteren Stadt Hannover. Er macht jedoch nicht Hannover, sondern Braunschweig zu seiner Residenz und damit zum Zentrum der welfischen Herrschaft. Seitdem verbindet die beiden Städte – ähnlich wie Düsseldorf und Köln – eine jahrhundertealte Rivalität im Kampf um die politische und wirtschaftliche Vorherrschaft. 1241 wendet sich das Blatt zugunsten Hannovers: Herzog Otto, genannt „Das Kind", bestätigt die Stadtrechte, Hannover entwickelt sich zu einem ansehnlichen Handelsplatz. Erst 1636 endet die Autonomie der Stadt, als das Fürstentum Calenberg an Herzog Georg zu Braunschweig und Lüneburg gerät. Georg wählt Hannover zu seiner Residenz und damit indirekt zur Hauptstadt des späteren Landes Niedersachsen. Doch bis dahin geht es mit der Stadt noch mehrfach auf und ab.

Im Winter 1639 holt Georg von Calenberg den Komponisten Heinrich Schütz als Kapellmeister an den hannoverschen Hof, der Tod des Herzogs beendet dessen Arbeit jedoch bereits im Frühjahr 1641. 1648 wird die Hofkapelle dann wieder aufgelöst, da sein Nachfolger Georg Wilhelm zugunsten monatelanger Venedig-Aufenthalte die Hofhaltung in Hannover vernachlässigt: Die Herzöge Georg Wilhelm (1648–65), Johann Friedrich (1665–79) und Ernst-August (1679–98) besuchen seit 1650 fast jedes Jahr den Karneval in Venedig, unterhalten in den sechs Opernhäusern der Stadt je eine feste Loge und einen zweiten Hof in der Casa Foscari am Canale Grande. Ab 1661 wird auch gleichzeitig in Hannover Karneval gefeiert. Herzog Georg Wilhelm lässt 1649 den *Ballhof* als Sporthalle für Federballspiele errichten, wenig später wird er auch für Theateraufführungen genutzt. 1672 wird hier Borettis *Claudio Cesare* als erste hannoversche Oper aufgeführt.

Innerhalb nur weniger Jahrzehnte entfaltet sich am hannoverschen Hof eine beispiellose kulturelle Blüte, wobei der kulturelle Einfluss Venedigs weiter bestehen bleibt: 1665 lässt Herzog Johann Friedrich ein Jagdschloss bei Koldingen zerlegen und vom Venezianer Lorenzo Bedoghi wieder aufbauen – im Dorf Höringehusen, das er kurzerhand in **Herrenhausen** umbenennt und zu seiner Sommerresidenz erklärt. 1676 erweitert der Venezianer Hieronimo Sartorio das

Schloss, im selben Jahr entstehen Kaskade und Grotte. Schon ab 1666 mit der Umgestaltung des Leineschlosses betraut, richtet Sartorio dort im Küchenflügel 1678 das kleine *Comoedienhaus* mit 408 Plätzen ein. Noch im gleichen Jahr wird hier Marc Antonio Cestis Oper *L´ Orontea* aufgeführt. Mit Hieronimo Sartorios Bruder Antonio, einem Schüler Monteverdis, verpflichtet Johann Friedrich 1666 einen der bedeutendsten venezianischen Komponisten als Hofkapellmeister.

Herzog Johann Friedrich gelingt es 1676, den größten Universalgelehrten des Barock, Gottfried Wilhelm Leibniz, als Bibliothekar an den hannoverschen Hof zu holen. Im Auftrag des späteren Kurfürsten Ernst-August schreibt er ab 1685 die *Geschichte des Welfenhauses*, auf deren Grundlage ein politischer Machtanspruch legitimiert werden soll. 1690 versichert Leibniz, die Arbeit binnen zwei Jahren zu beenden. 24 Jahre später bekommt er Reiseverbot, damit er das Werk endlich zu einem Abschluss bringt. Am hannoverschen Hof dient Leibniz vor allem der Kurfürstin Sophie und ihrer Tochter Sophie Charlotte, der späteren preußischen Königin, als politischer und philosophischer Gesprächspartner. Seine *Essais de Théodicée*, die Rechtfertigung Gottes angesichts einer schlechten Welt, gehen auf Gespräche mit den beiden großen Frauen zurück: Im Großen Garten in Herrenhausen prägt Leibniz den Gedanken von der besten aller möglichen Welten. Die *Geschichte des Welfenhauses* bringt er nicht zum Abschluss. Aber auch das unvollständige Werk verhilft den Welfen 1692 zur gewünschten Kurwürde.

Die beiden letzten Jahrzehnte des 17. Jahrhunderts unter Ernst-August und Sophie von der Pfalz bilden die Glanzzeit der hannoverschen Hofhaltung: Noch bis 1686 wird der Karneval in Venedig gefeiert. Weil diese mehrmonatigen „Lustfahrten“ auf Dauer zu kostspielig sind, wird der Karneval nun kurzerhand nach Hannover verlegt und erregt mit glanzvollen Redouten (Maskenbällen), Diners und Opernaufführungen in ganz Europa Aufsehen. Um 1690 konkurriert Hannover mit den großen Höfen Europas und gilt als der glänzendste deutsche Hof – von

Im Ehrenhof des Großen Gartens

Heckentheater im Großen Garten

steifer hannoverscher Zurückhaltung keine Spur: 1688 sieht sich Ernst-August erstmals gezwungen, eine „Maskeradenordnung" zu erlassen, die folgendermaßen beginnt: „Erstlich sollen die Jenigen, so bei ietziger Zeit sich in masquen devertiren wollen, aller ärgerlichen monstrueusen und schandbahren larven und Verkleyd = auch leibesgebrechlicher Vorstellung, sich gäntzlich äußern und enthalten." Wer „vermasquiret gehet", soll außerdem künftig keine Waffen mehr mit sich führen, sich nicht „in Trunkenheyt und Völlerei" sehen lassen und sich „aller insolencien und ungebührlichen Bezeigungen enthalten." Vom Karneval inspiriert, inszeniert Leibniz 1702 eine moderne Fassung des *Gastmahl des Trimalchio*, einer Episode des antiken *Satyricon*: ein wüstes Gelage, bei dem die hochherrschaftlichen Teilnehmer Rollen mit festgelegtem Text spielen müssen.

Hannover wird in dieser Zeit sogar zur Opernmetropole: In Rekordzeit von nur einem Jahr wird das Schlossopernhaus errichtet und am 30. Januar 1689 mit der Oper *Enrico Leone* (Heinrich der Löwe) eingeweiht. Die programmatische Oper soll den Anspruch des Welfenhauses auf die Kurwürde untermauern. Das Libretto stammt vom Hofdichter Ortensio Mauro, die Musik von Agostino Steffani, der der hannoverschen Oper zu einem kurzen, aber enormen Aufschwung verhilft. Bis 1695 komponiert er weitere sieben Opern für den hannoverschen Hof, darunter *La Libertà contenta,* mit der 1793 die kurz zuvor erlangte Kurwürde gebührend gefeiert wird. Das „goldene Haus" mit vier Rängen für 1300 Zuschauer wird von den Zeitgenossen als das schönste Europas gerühmt. Der Venezianer Tommaso Giusti, der 1688 zusammen mit Mauro und Steffani nach

Hannover kommt, ist verantwortlich für die Ausmalung der Oper, die Bühnenbilder und die aufwendige Maschinerie, die spektakuläre Bühnen- und Lichteffekte ermöglicht: Die ungewöhnlich tiefe Bühne übertrifft den Zuschauerraum um das Zweifache.

Gleichzeitig wird in **Herrenhausen** nach venezianischen Vorbildern ein „Theatro von Sträuchen" angelegt, Deutschlands ältestes erhaltenes **Heckentheater.** Laut dem Historiker Gotthardt Frühsorge ist es „von keiner der zahlreichen Nachahmungen in anderen Gärten an Schönheit je übertroffen worden". Ein Mitglied von Molières Schauspieltruppe führt hier dessen Komödien auf. Bereits ab 1674 werden Komödien und Fackeltänze in Herrenhausen aufgeführt, aber erst 1679, mit dem Regierungsantritt von Herzog Ernst-August, beginnt die große Zeit Herrenhausens, der Gartenbühne des hannoverschen Hofs. Hier werden allerhand *Plaisirs* und *Divertissements* veranstaltet, phantastische *Aufzüge*, Banketts und *Wirtschaften* mit aufgeschlagenen Marketenderbuden und Schankständen, in denen Angehörige des Hofes bedienen. 1684 wird hier auch die Hochzeit zwischen Sophies Tochter, der späteren Königin Sophie Charlotte von Preußen, mit Friedrich III., dem späteren König Friedrich I., gefeiert. Die Musik liefert der Komponist Giuseppe Farinelli.

Ab 1696 wird der Große Garten auf das Doppelte seiner Größe erweitert, seine Fläche entspricht nun etwa der Größe der Altstadt! 1695–98 wird die Galerie *(Abb. S. 83 und S. 97)* mit ihrem prächtigen Festsaal errichtet, den Tommaso Giusti mit dem bedeutenden Freskenzyklus der Aeneas-Sage schmückt. Um 1700 wird Herrenhausen zum Treffpunkt der europäischen Höfe, zu einer internationalen Zone, die erst 1726 durch die Herrenhäuser Allee mit der Stadt verbunden wird. Die maßgeblichen kulturellen Impulse dieser Jahre gehen von Herrenhausen aus; Leibniz etwa entwickelt seine Philosophie nicht zuletzt im Großen Garten. Weit draußen vor den Toren der engen Stadt und geschützt durch die umgebende Graft, entsteht ein Bollwerk des Geistes, aber auch ein Stück Süden im Norden: Der Große Garten bildet den Ersatz für den Zauber venezianischer Nächte und den Rahmen für prunkvolle Feste, Feuerwerke und illuminierte Gondelfahrten auf der Graft. Noch 1713 eröffnet die 83-jährige Sophie „nach geendigter Comoedie" im Gartentheater mit Zar Peter dem Großen die Polonaise eines Maskenballs in der Galerie. Anschließend gesteht Sophie: „Zar Peter wäre durchaus ein Mann nach meinem Geschmack, wofern er´s lassen könnte, bei der Hoftafel sich ins Tischtuch zu schnäuzen."

Im Juni 1710 tritt Georg Friedrich Händel hier seinen Dienst als Kurfürstlicher Kapellmeister an. Er führt Agostino Steffanis Arbeit fort und holt sich in Herrenhausen Anregungen für seine 1717 uraufgeführte *Wassermusik.*

St. Clemens-Kirche

Kandelaber an der Königsworther Brücke

Im Großen Garten entstehen ein Dutzend Kammerduette und sechs Concerti grossi, viele erste Fassungen späterer Werke werden hier vorbereitet. Händels Opernpläne kann der Hof aus Geldmangel allerdings nicht realisieren. Bereits ab Herbst 1710 ist er deshalb häufig in London und siedelt 1712 dorthin über. Steffani seinerseits wird zum Apostolischen Vikar des Nordens ernannt und betreibt den Bau der **St. Clemens-Kirche**, die von 1711–18 in der Calenberger Neustadt nach Plänen von Giusti entsteht.

Die schrittweise Erweiterung Herrenhausens spiegelt den politischen Aufstieg des Hauses Braunschweig-Lüneburg. 1714, in dem Moment, als der Große Garten vollendet ist, stirbt die Kurfürstin Sophie. Ihr Sohn Kurfürst Georg Ludwig besteigt als König Georg I. den englischen Thron und verlegt seine Residenz nach London. Von einem Tag auf den anderen steht in Hannover für etwa 100 Jahre die Zeit still, für den großen Garten beginnen die Jahre „unter einem Himmel ohne Sonne". Es ist die Zeit der sogenannten „Personalunion" zwischen Großbritannien und Hannover, in der Hannover den Engländern vier Georgs zur Verfügung stellt; nicht einer von ihnen ist mit politischem Geschick gesegnet. Nach dem Tod des vierten Georg reimen die Briten: "When George the Fourth the Earth descended / god be blessed! The Georges ended", zu deutsch: Als Georg der Vierte die Welt verließ, war's Gott sei Dank mit den Georgs vorbei. Von 1714–1837 wird die Politik in London gemacht, Hannover erhält den Status einer englischen Kolonie, ist ein agrarwirtschaftlicher Ableger der britischen Krone. Zwar erhellen bereits 1826 Gaslaternen die Stadt, ansonsten aber partizipiert Hannover nicht an der industriellen Vorreiterrolle Englands. Eher hemmt die Personalunion die Entwicklung der Stadt, sorgt für eine kulturelle Stagnation, für das Trauma der hannoverschen Provinzialität.

Dass die Beziehung der beiden Partner nicht gerade ausgewogen war, wird nochmals im 2. Weltkrieg deutlich: In Hannover glaubte man, wegen der historischen hannoversch-britischen Beziehungen von Angriffen einigermaßen verschont zu bleiben. Hannover stand aber für die Briten in der Reihenfolge der zu zerstörenden Industriezentren nach Hamburg an zweiter Stelle: wegen seiner verkehrstechnischen Schlüsselrolle, der Lindener Rüstungsindustrie und den Misburger Mineralölraffinerien, vor allem aber wegen der drei hannoverschen *Continental*-Werke. Der erste schwere Tagesangriff der Amerikaner am 26. Juli 1943 trifft das Stammwerk an der Vahrenwalder Straße nicht richtig, zerstört dafür aber wichtige Gebäude der Innenstadt wie das Leineschloss, die Marktkirche und das Opernhaus. Bis zum Ende des Krieges können die Angriffe die Produktion im Vahrenwalder Werk nicht stoppen, vernichten dafür aber im Umkreis von Kilometern weite Teile von Vahrenwald, List und Nordstadt. Bei dem schwersten Luftangriff auf Hannover in der Nacht vom 8. zum 9. Oktober 1943 wird dann sogar die gesamte Innenstadt und die Südstadt bis zur Geibelstraße von der konzentrierten Flächenbombardierung der Engländer ausradiert: Bei einem der intensivsten Luftangriffe des Kriegsgeschichte wird die Bebauung auf einer Fläche von zehn Quadratkilometern in nur 40 Minuten nahezu vollständig zerstört.

3

KESTNER & CO.

Trotz der Abwesenheit des Hofes erlebt der britische „Satellitenstaat“ im letzten Drittel des 18. Jahrhunderts eine neue kulturelle Blüte. In den 1770er Jahren bildet sich in Hannover ein kleiner literarischer Zirkel, bestehend aus Karl Philipp Moritz, August Wilhelm Iffland, Ludwig Christoph Hölty, Johann Anton Leisewitz, Heinrich Christian Boie, Johann Christoph Lichtenberg, Gottfried August Bürger, Johann Georg Zimmermann und Adolph Freiherr Knigge. Der schreibt 1789 in seinem *Dreyzehnten* (fingierten) *Brief* über Hannover, „daß man in wenig Städten … so viel fein cultivierte, unterrichtete Männer antrifft … wie hier ...; und was kann reizender seyn, als des Abends ... mit einer auserlesenen Gesellschaft so gebildeter Menschen, ein socratisches Mahl zu halten, von welchem alles eitle Gewäsche verbannt ist ... ; wo man seine Gedanken gegen bessere austauschen, seine nicht bestimmten Ideen berichtigen kann. ... und wo, wenn man die Gesellschaft verläßt, man nie jene unerträgliche Leere, oder jene Betäubung fühlt, die wir gewöhnlich von Schmausereyen mit nach Hause bringen“.

In diese Epoche fällt auch der Salon der Charlotte Sophie Henriette Kestner, die Goethe 1774 in seinem ersten Roman unsterblich macht: *Die Leiden des jungen Werthers* wird zum Kultbuch einer ganzen Generation, zu einem der ersten Bestseller und Auslöser einer regelrechten Werther-Mode. Mit dem *Werther* schreibt sich Goethe kaum verfremdet eine unglückliche Leidenschaft von der Seele: Zwei Jahre zuvor verliebt er sich während seiner Praktikantenzeit beim Reichskammergericht in Wetzlar in Charlotte Buff, die Verlobte seines Freundes Johann Christian Kestner. Seinen Liebeskummer verwandelt er in Prosa, die mit dem Selbstmord des Protagonisten endet. Im wahren Leben haben die drei ihre komplexe Beziehung besser im Griff: Nach ihrer Hochzeit ziehen Johann Christian und Charlotte Kestner 1773 nach Hannover. Mit Erscheinen des *Werther* werden sie über Nacht zu Sehenswürdigkeiten und liefern hier ein frühes Beispiel für Tourismus-Marketing: Noch Jahrzehnte nach Veröffentlichung des Buches reisen gebildete Menschen extra nach Hannover, um „Werthers Lotte“ zu sehen.

Lotte Kestner wird berühmt, weil sie die Fantasie eines Schriftstellers angeregt hat; im realen Leben tut sie sich kulturell nicht besonders hervor. Im Gegenteil: Heinrich Christian Boie, der fast täglich bei Lotte Kestner ein und ausgeht, schreibt seiner späteren Frau Luise Mejer im Dezember 1777: „Gestern habe ich den ganzen Abend bei der Kestner zugebracht. Ich schien ihr einen Gefallen zu tun, so blieb ich.“ In seinen Briefen kommt das Ehepaar Kestner nicht besonders gut weg: Die ständig schwangere Lotte wird wegen ihrer „Geistesschlichtheit“ belächelt, ihr „ehrlicher und guter“ Mann Johann Christian

Laveshaus am Friedrichswall

Kestner erscheint als Inbegriff der Langeweile, ist nicht weit entfernt von seinem literarischen Pendant: Das „elende Geschöpf von einem Albert“ hatte Goethe zum nüchternen Gegenpol seines emotionalen Alter Ego *Werther* stilisiert. „Heute Abend kommt Kestner wieder“, schreibt Frau von Pestel an Luise, „das ist unausstehlich.“

Selbst von ihren Freundinnen als „Gebärmaschine“ belächelt, übernimmt Lotte die traditionelle Rolle der Hausfrau und Mutter von zwölf Kindern, nutzt aber die ungewollte Popularität für die Belange des Kestner-Clans: Ihr Sohn Wilhelm heiratet die Nichte des Dramatikers August Wilhelm Iffland, ihre Enkelin Wilhelmine den hannoverschen Hofbaumeister Georg Ludwig Friedrich Laves. Der baut 1818 das Wohnhaus für Lottes ältesten Sohn und Goethes Patenkind Georg in der Leinstraße 11 um. Wenig später erwirbt Georg Kestner das unmittelbar angrenzende Grundstück in der Friedrichstraße – heute Friedrichswall 5 – und beauftragt Laves, darauf ein Mietshaus zu errichten. Nach der Hochzeit seiner Tochter Wilhelmine 1822 tritt Georg Kestner das Grundstück an seinen Schwiegersohn ab, der hier 1824 sein zweites Wohnhaus errichtet. Laves, obgleich oberster Baubeamter der Stadt, bewohnt nur den zweiten Stock seines Hauses. Die beiden unteren Geschosse werden vermietet, um die Hypothek abzubezahlen: Die Friedrichstraße ist damals die beste und teuerste Wohnlage, die Eins A-Lage Hannovers.

Lotte Kestners Grab auf dem Gartenfriedhof

Wie die Stadthäuser, so grenzen auch die Gartenhäuser Kestner und Laves aneinander, die der Hofbaumeister auf einem Areal zwischen der heutigen Kestner- und der heutigen Lavesstraße errichtet. Auf dem Grundstück der 1892 abgebrochenen Villa Kestner befand sich einst der Garten der Charlotte Kestner. Deren Grabmal auf dem **Gartenfriedhof** stammt auch von Laves. Neben dem reich geschmückten klassizistischen Quader stehen zwei eiserne Kreuze. Hier ruhen ihr Enkel Theodor, der Sohn von Lottes ältestem Sohn Georg, und ihre Urenkelin Maria Laves, die Tochter von Wilhelmine und Ludwig Laves. Der liegt auf dem Engesohder Friedhof, zwischen Georg Kestner und dessen Sohn Hermann.

Der berühmteste Spross der Familie ist der „römische" Kestner, Lottes vierter Sohn Georg August Christian, von 1817–53 diplomatischer Gesandter beim Vatikan in Rom. Dort liegt er auch begraben. Bevor August Kestner in Rom eine kostbare Kunst- und Altertumssammlung zusammenträgt, übernimmt er die Rolle des „Hofpoeten" am Misburger „Minnehof", den Henriette Gräfin von Egloffstein von 1804–15 im dortigen Forsthaus unterhält. 1964 wird es abgerissen, um für das Misburger Rathaus Platz zu machen. 1819 berichtet er seiner Schwester über seine römischen Kunstkäufe und plant bereits die Gründung eines Museums in Hannover. Durch seine und verschiedene andere Sammlungen käme „in Hannover so viel zusammen, um den Geschmack zu wecken. ... und auf jeden Fall wird die dortige Barbarei in Beziehung auf die Kunst gemildert werden". Als August Kestner seine Sammlung später der Stadt Göttingen stiften will, empört sich seine Schwester Lotte. Sie sieht zwar ein, „daß die Masse in Göttingen befähigter wäre", ein solches Museum zu schätzen, die hannoverschen Bürger es aber zu ihrer „Veredelung" und „Erhebung" nötiger hätten.

Zwei Jahre vor seinem Tod vererbt August Kestner seine Sammlung seinem Neffen Hermann mit der Auflage, sie später der Öffentlichkeit zu übergeben. 1853 reist Hermann Kestner nach Rom, um die Hinterlassenschaft aufzulösen und bringt 47 Kisten voller Kunstschätze nach Hannover. Nur eine der Kisten enthält etwa 100 Gemälde, aber allein die Sammlung der italienischen Renaissance gehört zu den damals bedeutendsten in Deutschland. Die Sammlung von August Kestner wird anfangs im Elternhaus in der Leinstraße aufgestellt, Neffe Hermann will die Sachen aber nicht auf einmal zeigen: „Da ich es für die schwer empfänglichen Hannoveraner fast notwendig halte, sie erst nach und nach in das ganze Detail einzuführen, so würde es wohl ratsam sein zu überlegen, was am besten und sichersten für sie verständlich und genießbar ist, und das scheinen mir die Münzen, geschnittenen Steine und Ölgemälde, welche sämtlich ihnen auch durch den materiellen Wert imponieren müßten." Da die Universität Göttingen für die Kestnersche Sammlung kein Interesse zeigt, vermacht Hermann die Sammlung seines Onkels zusammen mit seiner eigenen Musikaliensammlung und der Gemälde- und Grafiksammlung seines Vaters Georg 1884 der Stadt Hannover.

Die Schenkung ist mit der Verpflichtung verbunden, dafür ein Museum zu bauen und zu unterhalten. Die Sammlungen und eine Geldsumme von 100.000 Mark für den Bau des Museums bilden den Grundstock des 1889 eröffneten **Kestner-Museums**. Hermann nimmt viel Einfluss auf das Vermächtnis seines Onkels, knüpft es an viele Auflagen. Der Bau soll einfach und zweckmäßig sein, ein „den Verhältnissen, den vorhandenen Sammlungen und der Würde der Stadt entsprechendes Bauwerk". Das schlichte Museum wird gegenüber den Häusern Kestner und Laves am Friedrichswall errichtet. Noch während des Baus erwirbt die Stadt 1887 die Sammlung des Buchdruckers Friedrich Georg Hermann Culemann. Die ursprünglich im Haus Osterstraße 54 untergebrachte Sammlung besteht aus mittelalterlichen Kunstgegenständen, altdeutschen und altniederländischen Gemälden sowie einer großen Handschriftensammlung, insbesondere der deutschen Klassik. Sie ergänzt die Antiken-Sammlung und Renaissance-Galerie August Kestners und die Gemäldesammlung seines Bruders Georg hervorragend. Die Gemälde der

Fassade des Kestner-Museums

Luginbühl-Plastik von der Stiftung Ahlers Pro Arte / Kestner Pro Arte

Kestnerschen und Culemannschen Sammlungen hängen heute im **Niedersächsischen Landesmuseum**.

August Kestner ist gleichzeitig Namenspatron für das *Kestner-Museum* und die *Kestner-Gesellschaft*: Seitdem führt die gleiche Namensgebung beider Häuser nicht nur bei auswärtigen Besuchern zu Verwirrungen. Die **Kestner-Gesellschaft** wird 1916 in der Königstraße 8 als unabhängige, private Vereinigung kunstinteressierter Bürger gegründet. Zu den Gründern gehören Albert Brinckmann, der Direktor des Kestner-Museums, und sein Assistent Paul Erich Küppers. Im Kestner-Museum steht dessen konstruktivistisches „Herrenzimmer", ein Schreibtisch mit Schreibsessel und Vitrinenschrank. Die Möbel stehen nicht etwa im Kestner-Museum, weil sie in dieses Museum für Angewandte Kunst gehören, sondern weil Küppers vor und während seiner Tätigkeit für die Kestner-Gesellschaft im Kestner-Museum beschäftigt ist.

Im Krieg zerstört, zieht die Kestner-Gesellschaft 1948 in einen Nachkriegsbau in der Warmbüchenstraße 16, in das „unauffällige Haus mit seinen bescheidenen Außmaßen und seinem unbescheidenen Anspruch", so der Kunsthistoriker Wieland Schmied. Weil die Räume den Anforderungen und den Formaten der zeitgenössischen Kunst nicht mehr gerecht werden, bezieht die Kestner-Gesellschaft 1997 schließlich ihr neues Domizil am Steintor. Im ehemaligen Jugendstilbad an der Goseriede *(Abb. S. 62)* kann die Kunst seitdem ihre Wirkung entfalten, und die Kestner-Gesellschaft ist mit ihrem neuen Haus dem Kestner-Museum baulich ebenbürtig, was allerdings die Verwechslungen noch vergrößert. Bis vor kurzem half da nur die inhaltliche Orientierung: alte Sammlungen im Kestner-*Museum*, moderne Kunstausstellungen in der Kestner-*Gesellschaft*. Aber seit 2005 ist eine weitere Institution hinzugekommen: Die **Stiftung Ahlers Pro Arte / Kestner Pro Arte** des Herforder Kaufmanns Jan A. Ahlers. Er hat es sich zur Aufgabe gemacht, mit Ausstellungen, Konzerten und anderen Kulturveranstaltungen den Geist der alten Kestner-Gesellschaft in ihren ehemaligen Räumen in der Warmbüchenstraße wieder lebendig werden zu lassen.

4

EIN SCHLOSS ALS LEBENSAUFGABE

Zeitgleich mit dem Aufbau der klassischen Antikensammlung, die August Kestner ab 1819 zusammenträgt, überzieht sein Neffe Ludwig Laves die Stadt mit einem klassizistischen Stilkleid. Nachdem Hannover 1814 auf dem Wiener Kongress zum Königreich ernannt und territorial erheblich vergrößert worden war, baut Laves Hannover in seiner fast 50-jährigen Schaffenszeit von 1816–64 zu einer großzügig angelegten Residenzstadt aus. Er formt dabei das Gesicht der Stadt so nachhaltig, dass seine Planung auch nach einer grundlegenden Neugestaltung Hannovers in der Nachkriegszeit in großen Teilen ihre Gültigkeit behält. Die Stadt bestückt er mit über 40 Bauwerken, von denen heute noch ganze zwölf erhalten sind. Viele davon fallen allerdings schon vor dem 2. Weltkrieg dem Fortschritt zum Opfer.

Laves hat große Pläne. Um die beiden höfischen Zentren Leineschloss und Herrenhausen zu verbinden, plant er ein monumentales Residenzschloss am Königsworther Platz. Die unrealistische Vision wird schnell zu den Akten gelegt: Laves' Auftraggeber in London ist nicht übermäßig an den hannoverschen Geschicken interessiert und versagt dementsprechend die nötigen Finanzierungen. Die Hälfte seiner Baumaßnahmen betrifft daher Umbauten und Erweiterungen älterer Fachwerkbauten, die Laves dem Zeitgeschmack anpasst, also klassizistisch verblendet. Zeitlebens darf Laves kein repräsentatives Schloss errichten, sondern muss stattdessen mehrere ältere Residenzen instand setzen oder erneuern. Seine wichtigste Aufgabe ist der Umbau des *Leineschlosses*, einer über Jahrhunderte gewachsenen, zwischen Altstadt und Leine eingezwängten Baugruppe, der sich in Etappen über 40 Jahre lang hinzieht und dann unfertig abgebrochen wird. Die Fassade links vom Portikus, wo 1854 das Schlossopernhaus abgebrochen wird, kommt nie zur Ausführung. Erst Dieter Oesterlen komplettiert das Gebäude durch den Anbau des Plenarsaals 1957–62 im Geist der ursprünglichen Konzeption, aber im Stil der 50er Jahre.

An seinen großen Visionen gehindert, konzentriert sich Laves vermehrt auf die hannoversche Stadtplanung. Schon kurz nach seinem Amtsantritt plant er eine Achse, die quer durch die Altstadt führen und das Leineschloss mit dem heutigen Kröpcke verbinden soll. Mit dem gigantischen, fast 400 Meter langen und 150 Meter breiten *Waterlooplatz* realisiert er 1828–30 das eine Ende der sogenannten *Lavesachse*. Funktioniert die Stadterweiterung hier fast reibungslos, so muss Laves für die Realisierung seiner *Ernst-August-Stadt*, einer nordöstlichen Stadterweiterung im Anschluss an die Georgstraße, dagegen über 20 Jahre kämpfen. Seine axiale Stadtplanung, die noch ganz dem Repräsentationsbedürf-

Balkon des Opernhauses

nis des Hofes geschuldet ist, wird immer stärker reduziert. 1842 wird schließlich der Bau einer Bahnhofsanlage beschlossen, die zum Bezugspunkt des neuen Viertels avanciert. Was am Leineschloss nach endlosen Kompromissen letztlich doch Fragment bleibt, kann Laves beim Bahnhof auf freiem Feld planen: die Anbindung einer Großanlage an die Stadt. Jetzt soll nicht mehr das Schloss an die Altstadt angebunden werden, sondern in größeren Dimensionen der Bahnhof an die moderne, an seine Stadt.

Mit dem Bahnhofsplatz schafft Laves 1843 ein Pendant zum Waterlooplatz, ein großzügiges Entree zur Innenstadt. Durch die „rings geschlossene und ganz ins Gleichgewicht gebrachte Wandung" vermittelt der Platz für den Kunsthistoriker Georg Hoeltje den „Eindruck des feierlichen Empfangenwerdens". Obwohl heute nur noch ein Gebäude der ursprünglichen Bebauung existiert, hat sich der harmonische Eindruck des hannoverschen „Empfangssalons" weitgehend erhalten. Mit seiner ungewöhnlichen vieleckigen Form und den fünf Straßen, die hier fächerförmig entspringen, kann Laves ein letztes Mal eine barocke Platzanlage verwirklichen. Durch den Waterloo- und den Bahnhofsplatz kann er zwar die Eckpunkte seiner Achse festlegen, aber keine Verbindung vom Schloss zum Bahnhof herstellen. Erst 40 Jahre später bricht Ferdinand Wallbrecht die Karmarschstraße durch die Altstadt: Keine Achse, sondern eine organische Straße mit verändertem Verlauf.

Laves konzentriert sich ganz auf seine Ernst-August-Stadt und ihren zentralen Opernplatz. Zu einer Zeit, als es noch keine Erfahrungen mit Bahnhöfen gibt, erkennt er bereits das Problem des Durchgangsbahnhofs: Eine durchgehende Bahnlinie würde eine Stadterweiterung hemmen und seine geplante Achse der Königstraße zerschneiden. Mit einem Sackbahnhof kann er sich aber nicht durchsetzen, es kommt, was er vermeiden wollte. Den wichtigsten Punkt aber, die Ausrichtung des gesamten Areals am Opernplatz, kann Laves realisieren. Hier entsteht 1845–52 sein Hauptwerk und der krönende Abschluss seines Lebens: das nicht mehr stilreine, beinahe anachronistische **Opernhaus**, das verhältnismäßig spät gebaut wird, weil immer noch das hervorragende Barocktheater im Leineschloss existiert.

Bemerkenswert ist vor allem, *wie* Laves das Opernhaus als Herzstück der Ernst-August-Stadt in die Straßenzüge seines neuen Stadtteils einordnet: Die einzige Achse, die auf das Opernhaus zuführt, die Königstraße, nähert sich der Rückseite des Bauwerks, wo sie in zwei Straßen gespalten wird, die schräg an dem Bau vorbeilaufen. Der Hauptfront des Gebäudes nähert man sich von den weit auseinander liegenden spitzen Winkeln des dreieckigen Platzes. Auf den ersten Blick nicht unbedingt ersichtlich, bilden die eigentümliche Platzform und die Gestalt des Opernhauses eine aufeinander abgestimmte bauliche Einheit: Die wirkungsvolle Staffelung der Baukörper ist auf Schrägansicht berechnet, die mehrfach gestufte Baugruppe will über Eck gesehen werden. Auf ungewöhnliche Weise macht Laves das Opernhaus zum Dreh- und Angelpunkt seines städtebaulichen Systems und bezieht eine ganze Stadt nicht auf ein Schloss, sondern auf ein Theater. Nicht der Sitz der Macht, sondern ein Bau der Künste bildet das Zentrum seiner Stadt. Er, dem kein Schlossbau vergönnt ist, inszeniert sein Operhaus letztlich wie ein repräsentatives Schloss.

1857, 40 Jahre nach der ersten Planung, wird sein Residenzschloss doch noch in Angriff genommen: Als das *Welfenschloss* gebaut wird, ist der Klassizismus jedoch bereits überholt, die nächste Architektengeneration am Zug. Kann Laves anfangs einen gewissen Einfluss auf die hannoversche Bebauung ausüben, so bekommt der Hofarchitekt ab 1830 immer weniger Bauaufträge: Die Bedeutung des Adels schwindet, der Hof als Auftraggeber tritt mehr und mehr in den Hintergrund und wird durch das aufstrebende Bürgertum abgelöst. Mit den neuen Bauaufgaben ist auch ein Stilwandel verbunden.

Die entscheidende Weiterentwicklung des sogenannten *Rundbogenstils* in der *Hannoverschen Schule* vollzieht sich im Werk von Conrad Wilhelm Hase. Mit der Christuskirche errichtet Hase seinen ersten großen programmatischen Bau. Die wichtigste Errungenschaft der *Hannoverschen Schule* ist ihr „Wahrheitsgedanke". Dahinter steckt die Forderung, ein Bauwerk nach seiner Funktion zu planen und dessen Form aus der Konstruktion und den Materialeigenschaften zu entwickeln. Dies ist ein wichtiger Schritt in Richtung Funktionalismus. Ein herausragendes Beispiel der *Hannoverschen Schule* im Übergang zum Jugendstil ist das *Gröne Hus* in der Sextrostraße: Fantasievolle Formsteine gipfeln hier in aufwendigen Fialgiebeln, die diejenigen des hannoverschen Rathauses noch übertreffen.

Mit der Industrialisierung und der explosionsartigen Ausweitung der Stadt ab Mitte des 19. Jahrhunderts wird Hannover ganz wesentlich durch neogotische Backsteinbauten geprägt. „Hannover macht einen vornehmen Eindruck, aber doch sonderbar; in mancher Beziehung wie München: groß, weit, leer, forcirte Gothik", schreibt Theodor Fontane 1880 an seine Frau, „überhaupt etwas `rauf Gepufftes, wie jemand der sich über seine Kräfte anstrengt und dem die Puste ausgeht". Die Bauten der *Hannoverschen Schule* prägen aber nicht nur das hannoversche Erscheinungsbild: Durch Hases Lehrtätigkeit am hannoverschen Polytechnikum 1849–94 und seine Schüler verbreitet sich die Neogotik in aller Welt. Der letzte hannoversche Großbau von Hase ist der düstere 160-Zimmer-Kasten der *Marienburg* bei Nordstemmen. Ebenso wie das Welfenschloss ist auch das „Neuschwanstein des Nordens" noch nicht fertig gestellt, als die Preußen 1866 Hannover annektieren und vom Königreich zur preußischen Provinz degradieren. Nachdem Hannover 123 Jahre lang von den Welfen vernachlässigt wurde, bleiben der Stadt kaum 30 Jahre Zeit zum Aufholen. Aber bereits seit den 1830er Jahren, vermehrt nach dem Regierungsantritt von König Georg V. 1851, hat sich das hannoversche Kulturleben wieder merklich belebt und die Stadt erneut einen kurzen kulturellen Aufschwung erfahren.

5

KULTUR IST PRIVATSACHE

Hannover war nie eine Kunststadt im Sinne von München, Berlin oder Dresden, dafür fehlt in der entscheidenden Phase der Hof als Magnet für die Künstler. Die königlichen Sammlungen bilden nicht wie in anderen Residenzen den Grundstock der heutigen Museen, sondern dienen später als wertvolle Bereicherung der öffentlichen Sammlungen. Weil die Herrscher in London residieren, wird der Kunstsinn zu einer bürgerlichen Angelegenheit. Hannoversche Kunstförderung ist daher in erster Linie Privatsache. Vorreiter ist im ausgehenden 18. Jahrhundert der Adel, zwei Generationen später folgen Persönlichkeiten aus dem unternehmerischen Bereich. Die Bürger organisieren sich in Vereinen und gründen Museen. In rascher Folge entstehen die *Höhere Gewerbeschule* (1831), der *Kunstverein* (1832), der *Historische Verein für Niedersachsen* (1835) der *Künstlerverein* (1842), der *Architekten- und Ingenieurverein* (1842), der *Verein für die öffentliche Kunstsammlung* (1848) und der *Thalia-Verein* (1851), aus dem 1879 das Residenztheater hervorgeht.

Lüster von Stephan Huber vor dem Kunstverein

Einzelne Vertreter des Bildungsbürgertums legen private Kunstsammlungen an, die zunehmend öffentlich präsentiert werden. Noch vor der Familie Kestner und dem Buchdruckereibesitzer Culemann trägt der Tuchfabrikant und Oberbaurat David Conrad Bernhard Hausmann die qualitätsvollste hannoversche Privatsammlung des 19. Jahrhunderts zusammen: Den Grundstock seiner Sammlung bilden Werke aus der Sammlung von Johann Ludwig Graf von Wallmoden-Gimborn, der wichtigsten hannoverschen Privatsammlung des ausgehenden 18. Jahrhunderts. Als sie 1818 versteigert wird, erwirbt er 72 der über 500 Gemälde und rettet sie dadurch für Hannover. „Diese Auction bewies übrigens, wie gering damals der Sinn für bildene Kunst hier war", erinnert sich Hausmann, „das berühmteste Bild meiner Sammlung, die Liebes-Erkärung von Giorgione, wurde mir in der Auction für 85 Thlr. zugeschlagen." Seit 1812 ersetzt er mit seiner öffentlich zugänglichen Galerie am Holzmarkt das noch fehlende hannoversche Kunstmuseum.

Hausmann setzt sich maßgeblich für den Bau der Eisenbahn, aber ebenso für die hannoversche Kulturpolitik ein: Er fördert Künstler, vergibt Auftragsarbeiten und ist Gründer und Geschäftsführer des **Kunstvereins**. Der Advokat und Schriftsteller Johann Hermann Detmold wird stellvertretender Sekretär des Vereins, der sich die „Förderung der bildenden Künste durch Verbreitung und Teilnahme für dieselben und durch Aufmunterung und Unterstützung der Künstler" zur Aufgabe macht. Über die erste Ausstellung des Hannoverschen Kunstvereins im ehemaligen Haus der Grafen von Schulenburg in der Köbelinger Straße vermerkt Detmold in seiner Satire *Anleitung zur Kunstkennerschaft oder die Kunst, in drei Stunden ein Kenner zu werden*: „Als ebenso plötzlich als unerwartet am 24. Februar 1833 der Kunstsinn in Hannover erwachte, mußte derselbe sich nur sehr notdürftig behelfen. Er fand zwar eine Menge Bilder, und darunter auch gewiß manche vortreffliche, er fand auch Künstler und darunter ausgezeichnete, aber mit seinem Hofstaat, den *Kunstkennern*, war es schlecht bestellt." Wen wundert's. Detmold rechnet hier gekonnt mit dem hannoverschen Kunstbanausentum ab, dessen Einfluss bis zur Gründung der *Kestner-Gesellschaft* fortbesteht. Die Gründung des Kunstvereins markiert aber den Beginn des öffentlichen Engagements kulturbewusster hannoverscher Bürger.

Seit seiner Gründung befindet sich der Kunstverein ununterbrochen auf Wanderschaft, gastiert in einigen „halbfertigen Sälen des im Ausbau begriffenen königlichen Residenz-Schlosses", in einigen Zimmern der 1837 vollendeten Polytechnischen Schule und 1850 in zwei gerade fertig gestellten Probesälen des Hoftheaters. Erst 1856 bezieht der Kunstverein drei Säle im ersten hannoverschen Museumsbau, dem heutigen *Künstlerhaus*.

Zehn Jahre nach dem *Kunstverein* wird der *Hannoversche Künstlerverein* ebenfalls unter Mitwirkung von Hausmann und Detmold gegründet. Mitglieder des Künstlervereins, unter ihnen Hermann Kestner, gründen 1848 den *Verein für die öffentliche Kunstsammlung*, der sich für den Bau eines Museums einsetzt und im selben Jahr mit dem Gemälde *Abendgebet* von Ferdinand Waldmüller das erste öffentliche Kunstwerk ankauft. 1852 gründen der *Historische*

Verein für Niedersachsen, die *Naturhistorische Gesellschaft* und der *Verein für die Öffentliche Kunstsammlung* im Kielmanseggschen Haus in der Calenberger Straße 42 das *Museum für Wissenschaft und Kunst*. Der *Architekten- und Ingenieurverein*, der *Kunstverein* und der *Künstlerverein* schließen sich an. 1856 ziehen die Vereine in das Künstlerhaus um, dessen Bau König Georg V. entschieden fördert. Bereits 1852 plant er die Gründung einer Kunstakademie, die der Maler Friedrich Kaulbach leiten soll.

Bernhard Hausmann will sichergehen, dass seine Sammlung nach seinem Tod nicht in alle Winde verstreut wird und verkauft sie 1857 fast komplett an Georg V. Der kunstsinnige König gründet 1861 das *Welfenmuseum*, eine Art Niedersächsisches Nationalmuseum, in den Räumen des Altenburg-Palais in der Adolfstraße 3 und trägt dort eine außerordentliche Sammlung mittelalterlicher Kunstwerke und kirchlicher Denkmäler zusammen. Er beruft den Buchdrucker und Sammler Culemann, der im Ausschuss des *Historischen Vereins für Niedersachsen* sitzt, in die Museumskommission. Ein Verkauf der Culemannschen Sammlung an das Welfenmuseum kommt durch die preußische Annexion nicht mehr zustande.

1886 wird in der Prinzenstraße 4 die *Cumberland-Galerie* für Gemälde des Königshauses eingerichtet, den Hauptbestandteil bildet nach wie vor die Sammlung Hausmann. 1893 überlässt Herzog Ernst-August, der Sohn von Georg V. etwa 800 Gemälde seines Hauses als sogenannte „Fidei-Commiss-Galerie des Gesamthauses Braunschweig-Lüneburg" der Provinz Hannover als zeitlich begrenzte Leihgabe. Langsam wird ein Museumsneubau notwendig. 1897–1901 wird daher das *Provinzialmuseum*, das heutige **Niedersächsische Landesmuseum**, errichtet und im obersten Stock werden die Öffentliche Kunstsammlung, das Welfenmuseum und die Fidei-Commiss-Galerie eingerichtet.

Kurz vor 1900 werden bereits zwei andere Museen gegründet: das *Kunstgewerbe-Museum* wird 1893 im Leibnizhaus eingerichtet, der größte Teil der Sammlung 1943 mit dem Leibnizhaus zerstört. Aus dem ebenfalls 1893 gegründeten *Verein für die Geschichte der Stadt Hannover* wird 1903 das *Vaterländische Museum*, ab 1937 das *Niedersächsische Volkstumsmuseum*, ab 1950 das *Niedersächsische Heimatmuseum*, ab 1965 das *Historische Museum*, seit 1966 im Neubau am hohen Ufer. Die antiken Münzen von August Kestner und die Culemannschen Renaissancemünzen werden 1901 durch mittelalterliche Münzen der Sammlung Tewes ergänzt. Der Heimatforscher und Leiter des Vaterländischen Museums Friedrich Tewes macht zufällig einen Spaziergang durch das Dorf Wiedensahl, als gerade das Geburtshaus von Wilhelm Busch abgerissen werden soll, und kann den Abriss in letzter Minute verhindern. 1930 wird in Hannover daraufhin die *Wilhelm-Busch-Gesellschaft* gegründet, zum 100. Geburtstag von Busch 1932 eine Ausstellung mit 282 Gemälden im Landesmuseum ausgerichtet. 1937 wird im früheren Stadtdirektorenhaus am Georgsplatz schließlich das **Wilhelm-Busch-Museum** eröffnet; 1943 wird das Gebäude durch Bomben zerstört. 1947 findet zur ersten Export-Messe eine Wilhelm-Busch-Ausstellung im teilzerstörten Kestner-Museum statt, 1950 wird das Wilhelm-Busch-Museum schließlich im Wallmodenpalais neu eröffnet.

Installation von Joseph Kosuth am Historischen Museum

Besonders mit dem Musikleben geht es seit Mitte des 19. Jahrhunderts merklich bergauf: 1828 kommt Heinrich August Marschner erstmals nach Hannover, dirigiert hier seine Oper *Der Vampyr*. Im Januar 1831 tritt er die Stelle des Königlichen Hofkapellmeisters an und übt sie bis zu seiner Pensionierung 1859 aus. 1837 wird seine Oper *Bäbu* am hannoverschen Opernhaus unter seiner Leitung uraufgeführt. Marschner, dessen romantische Opern laut Brockhaus „eigenwüchsig zwischen Weber und Wagner" stehen, baut die Hofkapelle zu einem Orchester aus und hebt das musikalische Niveau beträchtlich. In der Ära Marschner zieht es viele Komponisten nach Hannover. 1835 debütiert hier die 15-jährige Clara Wieck, spätere Schumann, gibt drei Konzerte in wenigen Tagen. Hector Berlioz gastiert hier im Mai 1843. 1844 folgt Franz Liszt.

Joseph Joachim, von 1853–66 Konzertmeister an der neuen Laves-Oper, wird zur Zeit seines Amtsantritts in Hannover im Alter von erst 22 Jahren als bester lebender und einer der größten Violinisten aller Zeiten gehandelt. Die Stadt lernt Joachim bereits im Alter von 14 Jahren kennen. Im Mai 1845 schreibt er seinen Eltern: „Hannover ist wenn auch keine große, doch sehr hübsche Stadt, mit sehr schönen Spaziergängen, aber nicht vielen Sehenswürdigkeiten, und ich würde mich vielleicht langweilen, wenn ich nicht eine recht intereßante Bekanntschaft gemacht hätte, nämlich die des Kapellmeisters Marschner."

Im April 1853 besucht der junge Johannes Brahms Joachim in Hannover und spielt ihm seine C-Dur Sonate vor. Der begeisterte Joachim verhilft ihm zu seinem Debüt, einem Hofkonzert vor Georg V. im Juni 1853, und holt ihn für eine Saison nach Hannover. Die nächsten Jahre ist er mehrmals kurz in der Stadt, meist zusammen mit Clara Schumann. Die besucht Hannover im Januar 1854 mit ihrem Mann Robert auf Vermittlung von Joachim, der sie gern nach Hannover verpflichtet hätte. Clara aber steht auf dem Höhepunkt ihrer Karriere und möchte sich noch nicht an einen Ort binden. Joachim und die Schumanns kennen sich aus Leipzig, Brahms lernt Clara 1854 in Hannover kennen. Die enge Freundschaft der drei festigt sich in Göttingen, wo Joachim gern seine Freizeit verbringt. An Brahms schreibt er im November 1854: „ … laßt uns denn eine rechte Oase in dem dürren Hannover bilden. Seitdem ich trachte, die Dinge mehr zu sehen, wie sie sind, erscheint mir meine Umgebung hier immer nüchterner.“ Auch Brahms folgt seinem Ruf nicht, fragt seinen Förderer 1857: „Wie hältst Du so lange aus in Hannover?“

Bis zu seiner „Abdankung” 1866 kann König Georg V. mehrmals Joachims frühzeitigen Weggang verhindern. Georg V. komponiert selbst 200 Lieder und Klavierstücke und setzt sich sehr für Musik ein. Da er früh erblindet, liegt ihm die Musik mehr am Herzen als das Schauspiel. Er macht Hannover zu einer Musikstadt von europäischem Ruf: Unter Joachims Leitung erlebt Hannover eine ungewöhnliche musikalische Blütezeit, ist sogar führend in Norddeutschland. Wäre es nach den Wünschen Georgs V. gegangen, hätte er Hannover sogar zur führenden Musikstadt von ganz Deutschland erhoben: Als Pendant zum Opernhaus will Georg V. ein großes Konzerthaus bauen lassen und ihm eine musikwissenschaftliche Abteilung angliedern. Dessen Leitung soll Martin Crysander übernehmen, der Herausgeber von Händels Gesamtausgabe, deren Drucklegung Georg V. maßgeblich fördert. Erst 1897 wird das private *Hannoversche Konservatorium* gegründet, ist seit 1911 städtisch, ab 1926 staatlich und wird 1943 zur *Landesmusikschule* erklärt. 1950 mit der *Hannoverschen Schauspielschule* vereinigt, wird daraus die *Akademie für Musik und Theater*, die 1958 zur Hochschule erhoben wird. 1973 bezieht sie ihr heutiges Domizil am Emmichplatz.

Bereits 25 Jahre vor dem Konservatorium haben hannoversche Bürger 1872 den *Verein für Kammermusik* gegründet, der zum Vorbild für viele private Vereinigungen von Musikliebhabern wird. Zu Beginn des neuen Jahrhunderts ist das Angebot so unübersichtlich, dass der Feinkost-Fabrikant Heinz Appel 1929 die *Hannoversche Musikgemeinde* gründet. Ab 1939 führt sie die Bezeichnung *Kammermusik-Gemeinde* und widmet sich anfangs eher traditioneller Musik. Appels Aufruf, auch Zeitgenössisches zu bringen, stößt zunächst auf wenig Gegenliebe. Erst Fabrikant Bernhard Sprengel, seit 1939 im Vorstand und 1940 Vorsitzender der Kammermusik-Gemeinde, setzt sich nach dem Krieg für ein ausbalanciertes Gleichgewicht verschiedener Musikströmungen ein. Die hannoversche Vorliebe für die Kammermusik wird bis heute weitergeführt in den *pro musica*-Konzerten, dem *Kammermusikfestival*, dem *Internationalen Violinwettbewerb* und den *Tagen der neuen Musik*.

STADT DER PFERDESTÄRKE

1837 endet die Personalunion mit dem englischen Königshaus und das Welfenhaus zieht in Person von König Ernst-August erneut in die Stadt ein. Die Mehrzahl der britischen Zeitungen äußert den Wunsch, ihn niemals wieder zu sehen, weil er „mit Ausnahme des Selbstmordes schon jedes erdenkliche Verbrechen begangen" habe. Seine erste Tat besteht darin, das Grundgesetz für das Königreich Hannover aufzuheben. Sieben Göttinger Professoren, die dagegen protestieren, enthebt er ihrer Ämter. Der reaktionäre König sperrt sich auch gegen den Bau eines Bahnhofs, weil er nicht will, dass „jeder Schuster und Schneider" so schnell reisen kann wie der König. Weil aber den Preußen an einer Verbindung nach Köln und Braunschweig an einer Strecke nach Hamburg und Bremen gelegen ist, wird 1842 ein Bahnhof in Angriff genommen. 1843 folgt die Eröffnung des ersten Streckenabschnitt Hannover-Lehrte. Schließlich wird der Vorplatz des Bahnhofs nach jenem Herrscher Ernst-August benannt, der sich lange gegen die Eisenbahn sträubte.

Aber die Hannoveraner setzen noch eins drauf: 1861, zehn Jahre nach dem Tod Ernst-Augusts, wird ein wuchtiges Reiterstandbild vor dem Bahnhof enthüllt, das seitdem jedem Besucher, der aus dem Bahnhof tritt, zuerst einmal die Sicht verstellt. Man könnte vielleicht meinen, Ernst-August reite voran, weise dem Ankömmling den Weg in Richtung Innenstadt. Richtig dagegen ist, dass er dem ungewollten Bahnhof den Rücken kehrt und sich im gemäßigten Tempo in der anachronistischen Uniform der Gardehusaren von dem Ort schleicht, an dem sich das technische Zeitalter mit dem „Dampfross" Gestalt verschafft. Begonnen wird die Arbeit an dem Denkmal von Christian Daniel Rauch, beendet 1861 von seinem Schüler Wilhelm Wolff. Stifter des Werks ist laut Inschrift auf dem Granit-Sockel ist *Dem Landesvater sein treues Volk*, der berühmte „hannoversche Genitiv". In Wirklichkeit hat das „treue Volk" eher wenig beigetragen: König Georg V. ruft zwar zum Spenden für das Denkmal auf, die kommen jedoch aus unerklärlichen Gründen nicht so recht in Gang. Daher muss er das gute Ding zum großen Teil selbst finanzieren. Auch die Grundsteinlegung für das Denkmal am 5. Juni 1860 „wurde durch Regen sehr gestört", erinnert sich Bernhard Hausmann.

Reiterdenkmäler sind seit der Antike Herrschern, Adligen und Feldherrn vorbehalten. Dass Ernst-August hier noch 1861 hoch zu Ross reitet, hat aber vor allem mit der langen niedersächsischen Pferdetradition zu tun. Schon seit dem 14. Jahrhundert führen die Welfen das „weiße Ross im roten Felde" in ihrem Wappen. Das springende weiße – ursprünglich silberne – Niedersachsenross auf rotem Grund ist seit 1881 offizielles Wappen der Provinz Hannover, seit 1922 des Freistaates Braun-

Niedersachsenross vor dem Welfenschloss

schweig, seit 1951 des Landes Niedersachsen. Das Niedersachsen-Logo besteht seit 1994 aus einem stilisierten Pferdekopf, das Jubiläumslogo von Niedersachsen zeigt 2006 ein galoppierendes Pferd im Dreiviertel-Profil. Das sich aufbäumende Pferd findet sich auch im Logo einiger hannoverscher Firmen wieder.

Das Niedersachsenross vor der Universität, das sogenannte „springende Pferd", hat aber nichts mit dem springenden Ross des hannoverschen Wappens zu tun. Niedersachsens „Wappentier" ist die Teilkopie eines größeren Berliner Standbildes: der linken Löwenkampfgruppe vor Schinkels Altem Museum. Für Hannover werden Reiter und Löwe einfach weggelassen, das Pferd behält seine Haltung jedoch unverändert bei. Erst bei der vollständigen Gruppe erschließt sich die wilde Gebärde des Pferdes, sein zur Seite gewendeter Hals, sein aufgerissenes Maul als Ausdruck des Schmerzes, den die Pranken des angreifenden Löwen verursachen. Bei dieser Eins-zu-eins-Kopie vergisst Bildhauer Wolff in Hannover dann auch die Zunge, die im aufgerissenen Maul zu sehen sein müsste: Sie ist im Berliner Original durch die Zügel verdeckt, die hier weggelassen werden mussten.

In den 60er Jahren des 20. Jahrhunderts plant man auch vor dem Landtag ein Monument mit dem Symbol des Landes, eine 20 Meter hohe Säule mit einem Niedersachsenross. Der 1965 begonnene U-Bahn-Bau verhindert das Vorhaben. Eine erneute Debatte um ein Standbild vor dem Landtag in den 80er Jahren führt schließlich zum künstlerisch recht fragwürdigen *Denkmal für die Göttinger Sie-*

Pferdetränke an der Lutherkirche

ben. 1971–75 steht hier vorübergehend das Reiterstandbild von Ernst-August, das für den U-Bahn Bau am Bahnhof weichen muss. 1986 wird Ernst-August nochmals für eine Renovierung entfernt. Das Reiterstandbild auf dem Granitsockel wird durch eine große Holzkiste ersetzt, aus der der vermeintliche Schwanz des Pferdes ragt, damit man sich weiterhin – wie in Hannover üblich – „unter dem Schwanz“ verabreden kann.

Die Zucht der begehrten Hannoveraner-Hengste beginnt 1735 mit der Gründung des Landgestüts Celle durch König Georg II. Ursprünglich mit Holsteiner und Mecklenburgischen Hengsten begonnen, hat die hannoversche Zucht ihren Aufschwung der Kreuzung mit den edleren Trakehnern, englischem Vollblut und vereinzelten Arabern zu verdanken. So wird aus dem grobschlächtigen Ackergaul das große, edle Reitpferd mit besonderer Stärke im Springen und in der Dressur. „Der ideale Hannoveraner steht auf klar konturierten, nicht zu langen Beinen und hat eine kräftige, gut bemuskelte Hinterhand. (...) Die ‚Mechanik' des Pferdes zeichnet sich durch einen langen Schritt aus. Der Trab ist federnd, der Galopp elastisch“, charakterisiert der Journalist Thomas Hestermann die Pferde-Rasse. Die erste Hochschule, die König Georg III. 1778 in Hannover gründet, ist deshalb folgerichtig die *Königliche Roß- und Vieh-Arzeney-Schule* am Clevertor. 1887 zur Hochschule erhoben und 1899 in einen Neubau am Braunschweiger Platz umgezogen, ist sie die älteste Tierärztliche Hochschule in Deutschland und die viertälteste in Europa.

Aufgrund der langen Reittradition wird 1866 die Preußische Militärreitschule nach Hannover verlegt und ausgebaut zum *Königlich-Preußischen Militär-Reitinstitut*, bis zum 1. Weltkrieg zentraler Ausbildungsort für die deutsche Kavallerie. 1875 entsteht eine neue Offiziersreitschule an der Dragonerstraße in Vahrenwald mit sieben Reitbahnen und Ställen für über 400 Pferde. In den 1930er Jahren wird in dieser Schule die Elite der deutschen Kavallerie ausgebildet, die zahlreiche internationale Preise im Turniersport erringt und die wertvollste Trophäe des Springsports nach Hannover holt: einen von Mussolini gestifteten Goldpokal, die *Coppa d´ Oro*. Im Gegenzug bekommt Mussolini bei einem Zwischenaufenthalt auf dem Weg nach Berlin im September 1937 ein Reitpferd geschenkt. Bei den Olympischen Spielen in Berlin im Jahr zuvor gehen die Goldmedaillen in allen sechs Reitwettbewerben an die deutschen Offiziere. Ende der 1930er Jahre wird die Kavallerieschule dann nach Berlin verlegt. Heute führt die berittene Polizei die alte Reitertradition weiter.

Der Pferdesport etabliert sich auch außerhalb des Militärs: Im April 1834 wird der *Pferde-Verein* gegründet, im Dezember desselben Jahres das erste

Pferderennen in Celle abgehalten. 1868 findet in Hannover das erste öffentliche Galopprennen statt, 1896 wird eine Pferderennbahn hinter dem Zoo errichtet und zehn Jahre später zur *Großen Bult* verlegt. Weil die Firma *IBM* Interesse an dem Gelände äußert, wird 1970 der Rennbahnbetrieb eingestellt, 1973 die *Neue Bult* in Langenhagen eröffnet. Nach Scheitern des Bauprojekts wird die Bult zur Brachfläche, die *Große Bult* zur *Alten Bult*. Seit 1994 wird in Maspe bei Langenhagen der Polo-Eurocup ausgetragen.

Obwohl Hannover eine ausgewiesene Pferde- respektive Reiterstadt ist, sind Reiterdenkmale hier eher handverlesen. Neben dem „Bahnhofsvorsteher“ Ernst-August existieren noch genau sechs weitere „Reiterstandbilder“: das *Ulanendenkmal* von Ernst Gorsemann an der Bernadotte-Allee (1927), das steinbockähnliche *Fabeltier* von Ludwig Vierthaler (1931, Neuguss 1951) schräg gegenüber, *Pferd und Reiter* von Max Sauk am Bünteweg (1972), der *Mann mit Hirsch* von Stephan Balkenhol an der Ecke Schiller-/Andreaestraße (2002) und der *Fischreiter* von Hermann Scheuernstuhl am Nordufer des Maschsees (1938). Von demselben Bildhauer stammt auch die Plastik *Mann mit Pferd* (1957) am Hohen Ufer, die dort auf die Pferdeschwemme in der Leine verweist.

Ein besonderes Kuriosum ist das Reiterstandbild des *Bartolommeo Colleoni* in der Lindemannallee 19. Auch dieses Denkmal ist eine Kopie – die einzige Nachbildung des berühmten Standbildes, das Andrea del Verrocchio um 1480 in Venedig schuf – 10 cm kleiner, ansonsten vollkommen identisch. 1970 gelangte es von einem privaten Freilichtmuseum in Uetze nach Hannover.

Fischreiter am Maschsee-Nordufer

7

HANNOVER IST UNTEN DURCH

Bereits 30 Jahre nach seinem Bau wird der Bahnhof durch einen größeren ersetzt. Gleichzeitig werden die ebenerdigen Bahngleise angehoben, weil sich Eisenbahn- und Straßenverkehr gegenseitig behindern. Dieses innovative Konzept eines modernen Durchgangsbahnhofs wird trotz der städtebaulichen Mängel weltweit übernommen: Mehr noch als die ebenerdigen Bahngleise trennen die Bahndämme nun den östlichen Teil der Stadt von der Innenstadt, schneiden ihn regelrecht ab. Im „Viertel hinter der Bahn" siedeln sich das Gericht und das Gefängnis an. Die Rückseite des Bahnhofs ist nüchtern, von Vorstadthäusern und Fabrikanlagen umgeben.

Bis zum 2. Weltkrieg scheitern die Bemühungen, das Gefängnis zu verlegen und auch hinter dem Bahnhof einen Schmuckplatz anzulegen. Nach dem Krieg wird nirgends grundlegender in die Stadtstruktur eingegriffen als am Raschplatz, trotzdem entsteht keine gleichwertige Platzanlage hinter dem Bahnhof. Zur Komplettierung des Cityrings wird die Raschplatztangente durch die Stadt gebrochen und der Bereich zwischen dieser Schneise und den Bahngleisen der Innenstadt zugeschlagen. Ein Theater am Weißekreuzplatz soll das Viertel aufwerten, doch die Planungen werden um 1970 verworfen, ein Hochhauskomplex und eine Hochstraße vereiteln schließlich eine Platzanlage. Der Raschplatz bleibt eine unansehnliche Baugrube hinter dem Bahnhof, eingeklemmt zwischen zwei großen Verkehrstrassen.

Um der städtebaulichen Spaltung durch Bahntrasse und Raschplatz-Hochstraße entgegenzuwirken, wird von 1971–76 die Betonschlucht *Passerelle* gebaut, die „wohl superfieseste Hardcore-Fußgängerhölle des Landes", mäkelt der Schriftsteller Max Goldt. Heute ist das natürlich anders: Seit 2002 präsentiert sich die *Niki de Saint Phalle-Promenade* im zeitgemäßen Chic. „Was bitte ist eine Passerelle? – Eine Passerelle ist etwa das, was jede Passage werden möchte, wenn sie mal groß ist", vermerkt die Broschüre zum *Roten Faden*. Gedacht als fußläufige Verbindung zwischen Innenstadt und Oststadt, unterquert die Passerelle den Bahnhof auf einer zweiten unterirdischen, sogenannten Minus-Eins-Ebene und verbindet mit Raschplatz und Kröpcke die beiden ödesten Orte der Innenstadt miteinander.

Für den Philosophen Walter Benjamin ist eine Passage „ein Mittelding zwischen Straße und Interieur", ein Boulevard mit Dach, der Salon der Stadt. Unübertroffen ist die Mailänder *Galleria Vittorio Emanuele II* zwischen Dom und Scala, mit einem Triumphtor als Eingang und den Proportionen von römischen Thermen. Auch die 1901 in Hannover eröffnete *Georgs-Passage*, die heute ihr Dasein als schnöder Durchgang zwischen Georg- und Heiligerstraße fristet, sucht im gesamten Kaiserreich ihresgleichen. Die Attraktion unter der grünen Glaskuppel der mittigen Rotunde ist das *Automatische Restaurant*, wo die verschiedensten Speisen „in kleinen Aufzügen zur Wahl" stehen – man braucht „nur ein Geldstück einzuwerfen, um durch ein schnurrendes Uhrwerk bedient zu werden", erinnert sich Georg Friedrich Jünger in seiner Erzählung *Afrikanische Spiele*. „Ebenso konnte man kleine Hähne veranlassen, alle Getränke, die man sich denken mochte, in ein daruntergehaltenes Glas zu sprudeln." Per Knopfdruck konnte man elektrische Klaviere und künstliche Vögel in Gang setzen, zudem standen „Apparate bereit, die bunte Bilder zeigten oder in Hörmuscheln kurze Musikstücke ertönen ließen. Selbst der Geruchssinn war nicht vergessen, denn es gab auch sinnreiche Zerstäuber, aus denen man sich durch winzige Düsen wohlriechende Flüssigkeiten mit exotischen Namen auf den Anzug sprühen lassen konnte".

Mag man sie *Galerie*, *Kolonnade*, *Corridor* oder *Arkade* nennen: die Passage ist gleichzeitig lohnender Aufenthalts- wie Durchgangsort. Auf beiden Seiten von attraktiven Läden gesäumt, verbindet der glasüberdachte Gang gleichwertige Orte oder belebte Straßen in zentraler Lage miteinander. Die Passerelle, das haben wir längst begriffen, hat mit einer Passage so viel zu tun wie eine offene Straße. Die Passerelle ist über weite Strecken geöffnet, verläuft im „Keller" der Bahnhofstraße – unterirdisch und trotzdem tageslichthell – als zweite Fußgängerebene gleichzeitig mitten in und unterhalb einer Fußgängerstraße und bildet mit ihr eine zweistöckige Fußgängerzone. Lediglich im Bereich des Bahnhofs unterqueren die beiden Fußgängerebenen die Eisenbahngleise und erzeugen ein Verkehrskreuz. Der bronzene *Passerellenwurm* spielt hier auf den Hauptzweck der Passerelle an: die Unterquerung der Bahngleis-Barriere. Hier wird die Passerelle zu einem Fußgängertunnel mit flankierenden Läden und der Bahnhof im wahrsten Sinne des Wortes zu einem Durchgangsbahnhof.

Die Passerelle öffnet sich mehrmals auf die Straßenebene, weil sie als Passage zu lang ist. Nur wenige kommen auf den Gedanken, vom einen bis zum anderen Ende der Passerelle zu flanieren. Wer shoppen will, nutzt die Bereiche in der Bahnhofstraße oder im Bahnhof, wer unter der Hamburger Allee oder dem Bahnhof hindurch will, nutzt die Abschnitte, die dazu nötig sind. Die Passerelle funktioniert als Fußgängerquerung im Bahnhofsbereich, bildet aber nicht – wie ursprünglich angedacht – das Herzstück einer Fußgängerstraße vom Lister Platz bis zum Leineufer, die man im Bereich der Lister Meile anfangs sogar überdachen will: sozusagen als Neuinterpretation und Verlängerung der „Laves-Achse" vom Schloss zum Bahnhof.

8

„HANNOVER UNBEDINGT AUSSTEIGEN"

(Aufruf der Fa. Pelikan)

Als wichtiger Verkehrsknotenpunkt war Hannover schon immer ein Gastgeber für Durchreisende. Viele große Geister kamen früher oder später fast zwangsläufig an der Stadt vorbei und haben hier deshalb eher vorübergehend Station gemacht, wie beispielsweise 1843 Heinrich Heine. In *Deutschland. Ein Wintermärchen* heißt es: „Ich kam nach Hanover um Mittagszeit, / Und ließ mir die Stiefel putzen./ Ich ging sogleich, die Stadt zu besehn, / Ich reise gern mit Nutzen. / Mein Gott! Da sieht es sauber aus! / Der Koth liegt nicht auf den Gassen. / Viel´ Prachtgebäude sah ich dort, / Sehr imponirende Massen." Das mit dem Kot ändert sich fast 40 Jahre später: Theodor Fontane logiert 1880 in *Kastens Hotel,* wo er Ärger mit dem Nachtgeschirr hat: „Die Nacht verbrachte ich anfangs sehr trübselig. Es herrschte in meinem Zimmer ein penetrant ammoniakalischer Geruch, von dem ich nicht einschlafen konnte und wenn ich schlief, gleich wieder aufwachte. Endlich entdeckt ich' s; es war vergessen worden „auszugießen", dem Bodensatze nach zu schließen, wohl seit 3 Tagen schon." Also öffnet er kurzerhand das Fenster, wartet eine Patrouille ab und schleudert den Inhalt des Topfes mitten auf die Straße.

Schon geraume Zeit zuvor hat ein anderer prominenter Gast hier mit Fäkalien zu tun: Till Eulenspiegel. Von seinen Abenteuern existieren unzählige Bearbeitungen. In den wenigsten kommt jedoch die Episode Nr. 69 vor, die in Hannover spielt und die da lautet: *Wie Eulenspiegel zu Hannover in die Badstube schiß und meinte, es wäre ein Haus der Reinigung*. Die Geschichte geht so: Der Besitzer der hannoverschen Badestube vor dem Leintor nennt diese nicht einfach „Badestube", sondern etwas eleganter ein „Haus der Reinigung". Eulenspiegel nimmt die Bezeichnung wörtlich und entrichtet seine Notdurft direkt im Badebottich. Als sich der Bader darüber empört, entgegnet Eulenspiegel süffisant: „Ist das nicht ein ‚Haus der Reinigung'? Und ich hatte innen die Reinigung nötiger als außen."

Zu Beginn des Eisenbahnverkehrs ist Hannover Übernachtungsstation auf der Bahnreise von Berlin nach Köln, die in zwei Tagen zurückgelegt wird, denn nachts fahren noch keine Züge. Am Bahnhofsplatz entstehen daher mehrere Hotels. Conrad Wilhelm Hase errichtet hier das *Hotel Hartmann* (heute *Mussmann*) mit seiner neogotischen „Bierkirche" und das *Hotel de Russie* (heute *Saturn*), das einzige noch erhaltene Gebäude der ersten Platzbebauung. In Bahnhofsnähe gibt es 1860 bereits 7 Hotels, 50 Jahre später sind es 26, von insgesamt 63 in der Stadt. Das berühmteste ist das besagte *Hotel Kasten*: 1856 am

Alter Judenfriedhof

Theaterplatz eröffnet, 1906 im Jugendstil umgestaltet, 1916 um den *Luisenhof* in der Luisenstraße erweitert. Nach der Zerstörung des Hauptgebäudes wird 1947 der *Luisenhof* wieder eröffnet und 1952 um das angrenzende Messehotel erweitert. Enrico Caruso wohnt hier 1911, als er im Hoftheater den Don José in Bizets *Carmen* und den Herzog in Verdis *Rigoletto* gibt. Später folgen Romy Schneider, Willy Brandt, Lady Di, Heinz Ehrhardt und Peter Ustinov.

Zu den prominentesten Besuchern der Stadt gehören Casanova, Mark Twain und Karl Marx. Nicolo Paganini gastiert hier 1830, Richard Wagner 1875 und Richard Strauss 1932. Ein hässliches Intermezzo erlebt der damals noch unbekannte Maler Arnold Böcklin in Hannover: Konsul Carl Wilhelm Wedekind beauftragt ihn mit der dekorativen Ausmalung des Speisezimmers im Hause Wedekind in der Landschaftsstraße 2. Von April bis August 1858 entstehen hier fünf große Wandbilder, in denen sich manches spätere Werk Böcklins schon andeutet. Böcklins Frau Angela berichtet in ihrem Tagebuch, dass Wedekind schon um sieben Uhr morgens kontrolliert, ob der Maler auch schön fleißig ist. Da es ihm nicht schnell genug vorwärts geht, lässt er Böcklin auch am Sonntag malen, „was in dem frommen Hannover streng verboten war. Tatsächlich wurde mein Mann einmal von der Polizei überrascht und mußte Strafe zahlen. Das Natürlichste von der Welt wäre nun gewesen, daß er Wedekind die Strafe zahlen ließ, der aber weigerte sich strikte und erklärte einfach: ‚Warum haben Sie sich sehen lassen, das ist Ihre Schuld.'" Schließlich fällt das Urteil des hannoverschen

Malers Friedrich Kaulbach, dem Berater des Auftraggebers, über Böcklins Bilder nicht eben günstig aus. Auch Wedekind gefallen die Bilder nicht, er unterstellt Böcklin, unheimliche Fratzen in die Felsdarstellungen hineingemalt zu haben. Zuletzt ist Böcklin „teils durch den Ärger, teils durch die unbequeme und ungesunde Arbeit selbst nicht unerheblich erkrankt". Sein ohnehin karges Honorar erhält er erst lange Zeit später – nach einem Prozess.

Ebenfalls eine Saison weilen hier Georg Christoph Lichtenberg und Joachim Ringelnatz. Wenige, aber wichtige Jahre verbringen hier Hoffmann von Fallersleben, Erich Maria Remarque und Johann Peter Eckermann. „Meinen Sie nicht, daß mich auch manchmal das heulende Elend packt, wenn ich mir diese trostlose Stadt besehe ...?", schreibt Gottfried Benn 1936 an Friedrich W. Oelze, korrigiert sich aber wenig später: „Alles in allem waren es keine schlechten zwei Jahre, die ich dort verbrachte." Im Gegenteil, die beiden hannoverschen Jahre sind zwei seiner produktivsten: Benn schreibt hier neben dem *Weinhaus Wolf* einige seiner schönsten Gedichte. Adolph Freiherr Knigge verfasst hier sogar sein Hauptwerk *Über den Umgang mit Menschen*. Und bevor er Malerei studiert, beginnt Wilhelm Busch 1847 in Hannover ein Maschinenbaustudium. Seine Ankunft in Hannover verewigt er in der Bildergeschichte *Ein galantes Abenteuer*, die das Reiterstandbild des „Bahnhofsvorstehers" König Ernst-August zeigt: „Der morgen graut. Ich kam per Bahn – stolz in der Stadt der Welfen an." Busch erhält gute Noten im freien Handzeichnen, aber Maschinenbau ist nicht sein Ding: 1851 kehrt er Hannover den Rücken.

Hannover ist für viele nicht nur eine Durchgangsstation, sondern nicht selten ein Sprungbrett ihrer Karriere: 1947 gründet der Hannoveraner Rudolf Augstein den *Spiegel* im sechsten, 1948 Henri Nannen den *Stern* im zweiten Stock des Anzeiger-Hochhauses, bevor beide wenige Jahre später nach Hamburg gehen. Hannover ist ein Versuchslabor: Viele Kreative entwickeln hier ihre Ideen, probieren Neues aus. Wer Erfolg hat, geht dann meist woanders hin, nach Hamburg oder Berlin – das überrascht hier niemanden. Im Gegenteil: „Die stumpfe Gleichgültigkeit der niedersächsischen Bevölkerung gegen den Geist" ist für Theodor Lessing der Grund dafür, dass „eigentlich alle Geister von höherem Range nur vorübergehend im hannoverschen Lande gelebt haben und es wieder verließen, wenn anderswo sich die bessere Wirkungsmöglichkeit bot."

Auf der anderen Seite wählen große Geister Hannover gern als „Ruhesitz" für ihren Lebensabend wie der Komponist Marschner, die Tänzerin Yvonne Georgi oder die Blues-Ikone „Champion" Jack Dupree, der von 1976 bis zu seinem Tode 1992 im 18. Stock des *Bredero*-Hochhauses am Raschplatz lebt. Manchmal wird Hannover auch zwangsweise zur Endstation: „Schließlich blieb ich in Hannover hängen", konstatiert etwa der „Heidedichter" Hermann Löns. Leibniz bringt es sogar auf stolze 40 Jahre in Hannover, freiwillig bleibt er nicht eines hier: „Was mich am meisten behindert ist, daß ich nicht in einer großen Stadt wie Paris oder London lebe, die eine Überfülle von hervorragenden Gelehrten beherbergen, von deren Wissen und Können man profitieren und von denen man sich gelegentlich auch helfen lassen kann; ... Hier findet man kaum jemanden, mit dem man darüber sprechen kann", schreibt Leibniz nach 20 Jahren in Hannover. Um als hannoverscher Hofhistoriker, Bibliothekar und Berater nicht vollends zu verkümmern, kommuniziert er mit den Geistesgrößen seiner Zeit, schreibt in seinem Leben etwa 18.000 Briefe an über 1000 Adressaten. Schon bei seinem Dienstantritt in Hannover prognostiziert er 1676: „Seine Lebensgeister sind in zu starker Thätigkeit. Ich fürchte daher, daß er bei seinem hagern Körper wegen seines anhaltenden Studirens und seiner zu häufigen Meditationen einmal an einer hitzigen Krankheit oder an der Auszehrung stirbt." Beides tritt nicht ein. Nach 40 Jahren in Hannover stirbt er resigniert, weitgehend isoliert und völlig vereinsamt.

Leibniz-Büste von Johann Gottfried Schmidt

9

EIN ANDERES WORT FÜR NASSKALT

Einsam fühlt sich hier auch der Schweizer Arzt und Schriftsteller Johann Georg Zimmermann. 1768 als „Königlich-Großbritannischer Hofrat und Leibarzt" nach Hannover berufen, bleibt er über 17 Jahre in der Stadt und verfasst hier sein Hauptwerk *Über die Einsamkeit*, eines der meistgelesenen Bücher der Zeit. Von Beginn an leidet Zimmermann unter dem „ewig trüben Himmel" einer „Stadt, wo die Schwindsucht gleichsam zu Hause ist". Um seine Tuberkulose von dem berühmten Leibarzt kurieren zu lassen, zieht es den „Frühlingsdichter" Ludwig Christoph Hölty 1775 ausgerechnet nach Hannover. Zimmermann kann ihm nicht helfen, keine zehn Monate später ist Hölty tot. Bereits im Februar 1705 stirbt die erst 36-jährige Tochter der Kurfürstin Sophie, die preußische Königin Sophie Charlotte, bei einem Aufenthalt in Hannover an einer Halsentzündung. Ein direkter Zusammenhang muss wohl zwischen der besonders geringen Zahl an hannoverschen Sonnenstunden und den außergewöhnlich vielen Kliniken der Stadt bestehen.

Ein weiterer Grund, wenn nicht der wichtigste, Hannover bei der erstbesten Gelegenheit den Rücken zu kehren, ist sein ungesundes Klima: Es rangiert noch vor den Erfahrungen mit der geistigen Enge dieser Stadt auf Platz eins der Hit-, respektive Negativliste und geht sogar in die Weltliteratur ein: „Eine bestimmte Zeit meines Lebens verbrachte ich in einer mittelgroßen Stadt, fast Großstadt. Schlechtes Klima, keine Landschaft, flach alles, riesig öde", lauten die ersten Sätze aus Gottfried Benns Erzählung *Weinhaus Wolf*, entstanden in *Friedrich Wolfs Weingroßhandlung und Weinstuben* in Hannover. Der Niedersachse braucht hin und wieder seinen Nieselregen. Aber der hannoversche Winter ist wirklich nicht mehr zu überbieten. Von Oktober bis Januar hängt dann eine undurchdringliche Wolkendecke wie eine regelrechte Bleischürze über der Stadt, die nur hin und wieder von starken Regengüssen zerrissen wird.

Für Johannes Brahms besteht der hannoversche Winter 1853/54 nur aus „Schneewasser und Dreck". Auch als die Fotografin Käte Steinitz 1918 nach Hannover zieht, präsentiert sich Hannover mal wieder in Nebel und Regen. „Alle niesten und husteten; kein Hannoveraner gewöhnte sich bei Lebzeiten jemals an das Klima von Hannover". Auch der Tag, an dem sie zum ersten Mal die *Kestner-Gesellschaft* aufsucht, „war ein schauderhafter Regentag im Januar 1918. Die Straßen waren gefroren, dann halb geschmolzen und wieder gefroren. Hannover war trostlos, grau in grau. (...) Ein Erkundigungsspaziergang durch das schmutzige Glatteis der grauen Straßen führte mich an einem vornehmen Haus der Königstraße vorbei". Sie geht hinein, sieht eine Ausstellung von Paula Modersohn-Becker und wird sofort Mitglied. „Von nun an würde sogar bei trostlosem Wetter ein bunter Fleck in Hannover zu finden sein."

Für Karl Marx, der im April 1867 vier Wochen in Hannover weilt, ist das Wetter „ebenso schlecht und unbeständig wie gewöhnlich in London". Das stimmt nicht ganz: Im Vergleich zu Hannover ist das Londoner Wetter geradezu mild. Das hannoversche Klima lässt sich am besten mit dem Begriff der *Feuchten Kälte* beschreiben. Auch die Schriftstellerin Vicky Baum empfindet Hannover Anfang der 1920er Jahre als „kalte, windige, ungesunde Stadt". Für den Schriftsteller Karl Krolow ist Hannover schließlich „ein anderes Wort für nasskalt, nasskalt und zuweilen nassforsch. [...] Ich bekam regelmäßig meine Mandelentzündung. Sie gehörte dazu – undenkbar: Hannover ohne Mandelentzündungen. Meine Mutter maß Fieber im dritten Stock der Bandelstr. 23 ... Der Arzt wurde gerufen. Er wußte im voraus, was ich hatte: meine November- oder Februar-Krankheit". Auch August Kestner leidet in der „nördlichen Nebelstadt" an Rheumatismus, Hals- und Augenentzündungen, wird laut Marie Jorns „durch fiebrige Kartarrhe aller Art immer wieder gequält". seine Mutter Lotte berichtet ihm 1810 aus Hannover: „Man hört und sieht nichts als betrübte Menschen."

Im trübseligen hannoverschen Winter verlässt der Hannoveraner nur selten das Haus und widmet sich den wichtigen Dingen des Lebens. Nur so ist zu verstehen, dass viele Erfindungen und technische Neuerungen in Hannover entwickelt werden, wo der Februar laut Krolow viel länger dauert „als die üblichen achtundzwanzig oder neunundzwanzig Tage". Erfindungen, die das triste Leben versüßen wie die Tonträger Schallplatte (1898), Musikkassette (1965) und Compact Disc (1982) oder die Genussmittel aus den Häusern *Bahlsen* und *Sprengel*. Dass hier der erste Motorflug der Welt gelingt, diverse Fortbewegungsmittel wie Lokomotiven, Automobile und Flugzeuge produziert werden oder der größte europäische Touristikkonzern *TUI* seinen Hauptsitz unterhält, ist alles andere als ein Zufall. Keiner schätzt die Möglichkeit, dem deprimierenden Wetter zu entkommen, mehr als der Hannoveraner und keiner nutzt daher die Gelegenheit öfter, aus seiner Stadt herauszukommen.

Kollektives Sonnenbad am Maschsee

10

VOM UMGANG DER STADT MIT IHRER PROMINENZ

„Leibniz und Hölty, die den Eigensinn hatten, hier zu sterben, wurden so gut und sicher beigepackt, daß ihr Verbleib, als es dann plötzlich und unerwartet ans Denkmalsetzen ging, nicht mehr nachgewiesen werden konnte“, heißt es in Johann Frerkings Aufsatz *Phantastisches Hannover*. Der Dichter Ludwig Christoph Hölty wird 1776 auf dem **Nikolaifriedhof** begraben, der Standort seines Grabes ist unbekannt, sein Grabstein befindet sich im *Historischen Museum*. Nach nur 125 Jahren errichtet die Stadt dort ein Denkmal mit der Bronze-Figur eines Jünglings, an der Südfassade des Neuen Rathauses wird später ein Portraitmedaillon angebracht. Ähnlich steht es um Gottfried Wilhelm Leibniz: Jahrzehnte nach seinem Tod findet Johann Heinrich Voss das Grab des Gelehrten in der Neustädter Kirche nur sehr umständlich und verarbeitet diese Tatsache in einem Gedicht. Daraufhin wird in der Neustädter Kirche die Grabplatte mit den Bronzebuchstaben *Ossa Leibnitii* angebracht, hannoversche Bürger gründen die Stiftung zur Errichtung eines „würdigen Monuments für Leibniz“.

Schon 70 Jahre nach seinem Tod wird der prominenteste Sohn der Stadt gebührend geehrt: 1790 errichtet man den **Leibniztempel** – das erste deutsche Denkmal für einen Bürgerlichen – neben dem Archiv am Waterlooplatz, der früheren Arbeitsstätte des Gelehrten. Erst seit 1935 steht der Tempel auf einer Halbinsel im Georgengarten. Den Tempel zierte einst eine Marmorbüste des großen Denkers (mit offenem Haar!), die sich heute im Verwaltungsgebäude der Continental in der Vahrenwalder Straße befindet. Weitere Leibniz-Büsten stehen im *Leibnizhaus,* in der *Leibnizschule,* in der *Leibniz-Bibliothek* und im *Leibnizsaal* des Niedersächsischen Landtags. Reliefs zieren die Fassade des Landesmuseums und des Neuen Rathauses, in der Rathaushalle befindet sich zudem eine Portraitkartusche. Das einzige Leibniz-Standbild ragt aus der Fassade des Künstlerhauses.

Als wollte die Stadt etwas gut machen, wird der große Denker heute geradezu über Gebühr geehrt: er fungiert als Namenspatron eines ehrwürdigen Gymnasiums, einer Akademie, der ehemaligen Niedersächsischen Landesbibliothek und der Universität. Neben der *Leibniz-Gesellschaft* gibt es eine *Leibniz-Stiftung*, ein *Leibniz-Forschungszentrum für Biotechnologie und künstliche Organe* und einen *Leibniz-Ring*, der jährlich an Personen oder Institutionen aus Wirtschaft, Politik, Kultur und Wissenschaft vergeben wird. Seit 1891 trägt ein Butterkeks aus dem Hause Bahlsen seinen Namen, seit 1952 die breiteste Verkehrsschneise der Stadt. Das Prunkstück des *Hotels Luisenhof* ist die 100 Quadratmeter große

Leibniztempel im Georgengarten

Leibniz-Suite im 5. Stock. Die Fassade des *Historischen Museums* ziert seit 2000 ein Bonmot des Gelehrten, eine Arbeit des Künstlers Joseph Kosuth: „Es gibt nichts Ödes, nichts Unfruchtbares, nichts Totes in der Welt, kein Chaos, keine Verwirrung außer einer scheinbaren, ungefähr wie sie in einem Teiche zu herrschen schiene, wenn man aus einiger Entfernung eine verworrene Bewegung und sozusagen ein Gewimmel von Fischen sähe, ohne die Fische selbst zu unterscheiden." *(Abb. S. 32)*

Die nächstprominentesten Söhne der Stadt sind die *Ernst-Augusts*: neben dem „Prügel-Prinzen" gibt es noch den Kurfürsten und den König. Der König Ernst-August reitet vor dem Bahnhof, steht an der Südseite des Neuen Rathauses und an der Rückseite des Welfenschlosses. Nach ihm ist die *Ernst-August-Stadt* um das Opernhaus benannt, der *Ernst-August-Platz* vor dem Bahnhof und die erste Lokomotive, die 1846 die *Hanomag* verlässt. Den Ernst-August-Platz flankieren das *Ernst-August-Carreé* in der Joachimstraße, die *Ernst-August-Markthalle* in der Bahnhofstraße und die *Ernst-August-Galerie* in der Kurt-Schumacher-Straße. Das *Brauhaus Ernst-August*, laut Thomas Kapielski eine „rustikal touristisch, grob gezimmerte Erlebnisbrauerei", liegt in der „'Schmiedestraße' heißenden Altstadtverheißung". Der Kurfürst Ernst-August thront über dem Eingang des Welfenschlosses, der Südfassade des Neuen Rathauses und im sogenannten „Königsbusch" im Großen Garten. Seine Gemahlin **Sophie** wird hier gleich zweimal verewigt: Mit dem heiteren Jugendbildnis neben ihrem Gatten und dem ernsten Marmorbildnis mit maskulinen Zügen, 1878 an der Stelle errichtet, wo sie am 8. Juni 1714 gegen 18 Uhr bei einem Spaziergang stirbt. Ihre Büste ziert die Fassade der Sophienschule, die Friese am Landesmuseum und am Rathaus zeigen sie zusammen mit Leibniz.

Königin Friederike, die Gemahlin von König Ernst-August, ist gemeinsam mit ihrer Schwester, der Königin Luise von Preußen, in einem Jugendbildnis im *Prinzessinnen-Denkmal* am Ende der Yorckstraße verewigt. Auch dieses Denkmal ist die Kopie eines Berliner Standbildes – diesmal von Johann Gottfried Schadow. Friederikes Figur übersteht den 2. Weltkrieg unbeschadet, der zerstörte Kopf von Luise wird 1948 im Atelier von Ludwig Vierthaler nachgebildet und gerät etwas zu klein. Bestattet wird Königin Friederike im **Herrenhäuser Mausoleum**. Später folgt ihr König Ernst-August nach. Als das Leineschloss zum Landtag ausgebaut wird, überführt man auch andere Mitglieder des hannoverschen Herrscherhauses aus der Schlosskirche ins Mausoleum, darunter Kurfürst Ernst-August, seine Gemahlin Sophie und ihren Sohn König Georg I.

Keine deutsche Stadt bietet so viele „Denkmäler" – Standbilder, Gedenksteine und Erinnerungstafeln. Mit seinem Sinn für das Praktische kombiniert der Hannoveraner Fassadenschmuck, Kunst am Bau und ein Denkmal zu einem „Denkmal am Bau", am besten gleich in ganzen Gruppen. Solche Denkmalansammlungen finden sich am Künstlerhaus, am Welfenschloss und am Neuen Rathaus, die größte Denkmal-Agglomeration ziert den Altan des *Opernhauses:*

Herrenhäuser Mausoleum

Goldoni und Shakespeare stammen von Ernst von Bandel, dem Schöpfer des Hermannsdenkmals, der von 1846-71 in Hannover lebt. Den 100. Geburtstag Schillers am 10. November 1859 feiert die Stadt mit einem Festzug. „Das Ziel dieses Festzuges, eine auf dem Platz vor dem Theater durch den Bildhauer von Bandel aus Gyps und Leinwand geformte Figurengruppe, fiel übrigens sehr kläglich aus", erinnert sich Bernhard Hausmann. Neben dem Standbild auf dem Balkon des Opernhauses bekommt Schiller daher 1863 ein zweites, eigenständiges Denkmal auf dem Georgsplatz.

1904 errichtet man mitten in der Masch – ein Feuchtwiesengebiet an den Ufern der Leine – die wuchtige *Bismarcksäule*, die 30 Jahre später dem Maschsee weichen muss, und wenig später die trutzige *Bismarckschule*. Auch ein Stadtbahnhof in der Südstadt trägt den Namen Bismarcks und eine Büste in der Halle des Neuen Rathauses seine Züge. Große Stücke hält August Kestner auf den hannoverschen Bildhauer Heinrich Kümmel, einen Schüler von Bertel Thorwaldsen, und fördert ihn in Rom so gut er kann. 1836 bedauert er gegenüber seiner Schwester Lotte: „In unserm ehrlichen, aber kunstunerfahrenen Hannover war er bereits verkannt und von einem flachen Süddeutschen – von Bandel – in den öffentlichen Arbeiten verdrängt ..." 1849 darf Kümmel dann doch das Standbild von General Graf von Alten gegenüber dem einstigen Palais von Alten, dem 1966 abgebrochenen Friederikenschlösschen, gestalten. Der Sieger von Waterloo ist heute eher in Vergessenheit geraten.

Ähnlich steht es um Generalfeldmarschall Graf von Waldersee, dem Bernhard Hoetger 1915 gegenüber seiner Villa an der Eilenriede ein monumentales Standbild in der Art eines mittelalterlichen Rolands errichtet. Neben dem *Waldersee-Denkmal* gestaltet Hoetger in Hannover noch drei Grabstätten: die von Hermann Bahlsen auf dem neuen St. Nikolai-Friedhof, die der Familie Hohmeyer auf dem Stöckener Friedhof und die des Kaffeefabrikanten Grote auf dem Engesohder Friedhof. Hier ist auch Ludwig Roselius beigesetzt, der Erfinder des entkoffeinierten Schonkaffees *Kaffee HAG*. Hoetger baut für ihn in Bremen das expressionistische Ensemble der Böttcherstraße.

Hoetgers 1916 vorgelegter Entwurf für den *Hindenburg-Ring*, eine fast 13 km lange Ringstraße mit Prachtalleen, Platzanlagen und Monumenten, wird dagegen nicht realisiert. Das Zentrum der eigentlichen Hindenburg-Gedenkstätte am Kronsberg soll eine etwa 100 Meter hohe Säule der Kraft bilden, umgeben von einer symmetrisch angeordneten Kriegsveteranensiedlung aus einfachen, uniformen Reihenhäusern, die sich wie die Soldaten um ihren Feldherrn scharen. 1919 wird das Hindenburg-Projekt aufgegeben. Auf dem Kronsberg soll später die Bismarcksäule wieder aufgestellt werden, geht aber in den Kriegswirren verloren. Paul von Hindenburg lebt lange in Hannover und verbringt seinen Lebensabend in dem Viertel, das heute seinen Namen trägt. Das Eilenriedestadion, die ehemalige Oberrealschule am Clevertor und die einstige Jugendherberge am Maschsee werden vorübergehend nach ihm benannt, 1928 wird die Anderter Schleuse am Mittellandkanal von Hindenburg eingeweiht und trägt bis heute seinen Namen.

Fratze über dem Portal der Polizeidirektion

Auch Theodor Lessing, Professor für Philosophie an der Technischen Hochschule, hat bis heute kein Denkmal erhalten. 1926 warnt er in einer Charakterstudie über den greisen Hindenburg vor dessen Wahl zum Reichspräsidenten. Der gekürzte Nachdruck *Schmähungen über Hindenburg* im *Hannoverschen Kurier* führt zu heftigen Protesten und einer antisemitischen Hetzkampagne. Lessing muss seine Lehrtätigkeit einstellen, lehrt aber weiter an der Volkshochschule, die er 1920 gegründet hatte. Erst 1983, im 50. Todesjahr seiner Ermordung, erhält der Platz vor der Volkshochschule seinen Namen. Unbeliebt macht sich Lessing auch mit seinem Bericht über den Prozess gegen den Massenmörder Fritz Haarmann, in dem er die Verteidigung und die Polizeiarbeit kritisiert.

Anhand der Vernehmungsprotokolle zeichnet der Film *Der Totmacher* 1995 das Psychogramm des Massenmörders nach. Götz George „vermittelt in der Rolle des Haarmann das eigentlich Unfassliche", heißt es im *Lexikon des Internationalen Films*: „Der Zuschauer schwankt im Verlauf der Gespräche zwischen Mörder und Gutachter, zwischen Abscheu und Faszination." Kürzlich ist das Fragment des Dokumentarfilms *Der Kriminalfall in Hannover* aufgetaucht, der kurz nach Haarmanns Geständnis im Sommer 1924 in kürzester Zeit abgedreht wird. Er zeigt das Milieu, in dem Haarmann verkehrt, und das Haus, in dem er seinen abwegigen Gelüsten nachgeht, fällt aber in großen Teilen der Zensur zum Opfer, weil er als „verrohend und entsittlichend" eingestuft wird. Die ersten Zwischentitel lauten: „In der schönen Leinestadt Hannover ... / ... lebte seit

Jahren ein verkommener Mensch mit Namen Haarmann. / Er verkehrte in Stehbierhallen ... / ... und düsteren geheimnisvollen Spelunken im Gängeviertel".

Der spektakulärste Kriminalfall der Weimarer Republik liefert auch die Vorlage für die Figur des Franz Biberkopf in Alfred Döblins Roman *Berlin Alexanderplatz* und Peter Lorres Rolle in Fritz Langs Film *M – Eine Stadt sucht einen Mörder*: Haarmann ermordet Anfang der 1920er Jahre mindestens zwei Dutzend Jünglinge und Strichjungen im sexuellen Rausch: Er nimmt sie mit nach Hause in eine Dachkammer in der Roten Reihe 2, beißt ihnen dort die Kehlen durch, zerteilt die Leichen, „verwurstet" sie zu Konserven und versenkt die Knochen in der Leine. Der Volksmund reimt sogleich ein Lied zusammen: „Aus den Augen macht er Sülze, aus dem Hintern macht er Speck, aus den Därmen macht er Würste, und den Rest, den schmeißt er weg." Auch die Schriftstellerin Vicky Baum lebt damals in Hannover und erinnert sich plastisch: Als der Fall Haarmann aufgedeckt wird, „war das für viele ein gehöriger Schock, schwarz gekaufte Vorräte wurden inspiziert und kiloweise weggeworfen, und manch einer riegelte sich ein und übergab sich gründlich".

Selbstverständlich hat man Fritz Haarmann kein Denkmal gesetzt, auf dem Stöckener Friedhof steht stattdessen eine Gedenkstätte für seine Opfer. Aber Haarmann gehört eben zu Hannover. Das dachte sich auch der ehemalige Direktor des Sprengelmuseums Dieter Ronte, als er 1991 bei dem Künstler Alfred Hrdlicka den *Haarmann-Fries* in Auftrag gibt. Ein Sturm der Entrüstung geht durch die hannoversche Bevölkerung, sodass dieses Mahnmal bis heute nicht öffentlich zu sehen ist. 1993 folgt dann „Rontes Rache": Er ist damals Vorsitzender der Jury, die für das *Denkmal für die Göttinger Sieben* den Entwurf des Mailänder Künstlers Floriani Bodini auswählt.

Um dem größten künstlerischen Sohn der Stadt, **Kurt Schwitters**, zu einem Denkmal zu verhelfen, müssen die Bürger wieder einmal selbst die Initiative ergreifen. Zu seinem 100. Geburtstag 1987 wird eine große Bronzetafel mit dem Text von Schwitters' Hannover-Ode im Pflaster der Knochenhauerstraße eingelassen, angefertigt und „den Hannoveranern zu Füßen gelegt" von dem hannoverschen Künstler Siegfried Neuenhausen. Bereits 1911 wird eine Gedenktafel für Johannes Brahms an seinem Wohnhaus im Papenstieg 4 angebracht, die mit dem Haus 1943 zerstört wird. 1998 wird eine Bronzetafel am einstigen Standort in den Boden eingelassen. Sie stammt ebenfalls von Siegfried Neuenhausen, ist allerdings nicht aufzufinden.

Werden lokale „Größen", wie Pastor Bödeker, Forstverwalter Heinrich Christian Burckhardt oder Bademeister Schrader mit einem Denkmal geehrt, so muss der bedeutende Architekt und Stadtplaner Georg Ludwig Friedrich Laves bis heute mit einem Portrait-Medaillon an der Südfassade des Neuen Rathauses und einer Büste im *Laves-Foyer* seines Opernhauses Vorlieb nehmen. Aber wir wollen nicht ungerecht sein – nach dem Stadtplaner, dem Hannover seine schönsten Plätze verdankt, benennt man dafür gleich zwei Straßen: die gesichtslose *Lavesstraße* in seiner Ernst-August-Stadt und die baumlose *Lavesallee*, die seinen Waterlooplatz verstümmelt.

Es ist natürlich einfacher, Straßen oder Schulen nach prominenten Hannoveranern zu benennen, als ihnen Denkmale zu errichten. Nach August Kestner sind immerhin zwei Ausstellungshäuser, nach Hermann Löns ist gar ein Park benannt, nach Niki de Saint Phalle aber eine Passage, nach Leibniz eine Verkehrsschneise und nach Stadtbaurat Hillebrecht gar ein Parkplatz! Es reicht auch nicht, die drei Nanas nach drei großen hannoverschen Frauen zu benennen: Sophie (von der Pfalz), Charlotte (Kestner) und Caroline (Herschel). Auch die Tanzpionierinnen Mary Wigman und Yvonne Georgi und die Philosophin Hannah Arendt hätten ein Memorial verdient, ferner Karl Philipp Moritz, Johann Peter Eckermann, Wilhelm Busch, Georg Friedrich Händel, Adolph Freiherr Knigge, Frank Wedekind, Theodor Lessing und nicht zuletzt Emil Berliner, der Erfinder der Schallplatte und des Grammophons.

Prominente zweiter Wahl könnten zumindest mit einer der – in Hannover bezeichnenderweise grauen – Denkmalplaketten an ihrem Geburts-, Wohn- oder Sterbehaus bedacht werden. In der Schmiedestraße 10 stand gleichzeitig Ifflands Geburts- und Leibniz' Sterbehaus. Heute befindet sich dort ein Parkhaus, und zwar mit Gedenktafel. Solche Tafeln fehlen an den Geburtshäusern der Tänzerin Mary Wigman, des Verlegers Rudolf Augstein und des Kunsthistorikers Erwin Panofsky, der Künstler Kurt Schwitters und Dieter Roth, der Dichter Frank Wedekind, Johann Hermann Detmold, Georg Friedrich Jünger und Karl Krolow sowie der Schauspieler Theo Lingen, Gustav Fröhlich, Grete Weiser, Dieter Borsche, Hanns Lothar und seines Bruders Günther Neutze.

Gedenktafeln befinden sich dagegen an den Geburtsstätten von Hannah Arendt (Lindener Marktplatz 2), Ludwig Klages (Warmbüchenstraße 21), Johann Anton Leisewitz (Calenberger Straße 15), Georg Heinrich Pertz (Am Holzmarkt 2) und den Brüdern Schlegel (Hanns-Lilje-Platz 3), den Wohnhäusern von Gottfried Benn (Arnswaldtstraße 4), Johann Peter Eckermann (Nenndorfer Straße 83 in Empelde), Paul von Hindenburg (Bristoler Straße 6), Karl Jatho (Tiestestraße 1 und Geibelstraße 72), Joseph Joachim (Prinzenstraße 17), Lotte Kestner (Georgswall 3), Hermann Löns (Am Bokemahle 8), Joachim Ringelnatz (Landschaftsstraße 2) und Carl Johann Philipp Spitta (Burgstraße 23) sowie am Sterbehaus von Ludwig Christoph Hölty (Leinstraße 8).

Neben dem Fehlen oder Vorhandensein von Gedenktafeln ist auch die Größe der Gedenksteine ein Indiz für die Wertschätzung der Bedachten: Geradezu mickrig ist der unscheinbare Gedenkstein für den Dichter Gerrit Engelke hinter dem Grandhotel *Maritim*. Der Hoffmann-von-Fallersleben-Gedenkstein auf dem Friedhof der Bothfelder Kirche St. Nikolai ist da immerhin schon etwas größer. Für den Flugpionier Karl Jatho wird gar ein Findling vor dem Gebäude der Flughafendirektion in Langenhagen platziert. Das Denkmal für Johann Egestorff, den Begründer der hannoverschen Industrie am Lindener Berg, ein mit sechs lebensgroßen Arbeitern geschmückter Quader, erreicht schließlich die Ausmaße und die Anmutung eines stattlichen Kriegerdenkmals.

11

„ARE YOU HAPPY WITH KUCHEN?“

(Slogan der Bäckerei Göing)

Mitte des 19. Jahrhunderts wird Hannover zu einer Groß- und Industriestadt. Durch den Bau der Bahn bekommt das Wirtschaftsleben neuen Schub, bis in die 1880er Jahre verdreifacht sich die Einwohnerzahl. Der enorme Bevölkerungszuwachs hat eine explosionsartige Ausweitung der Stadt um die Jahrhundertwende zur Folge. Stadtviertel wie die List werden regelrecht aus dem Boden gestampft. Da die Industriefeindlichkeit des Hofes bis 1866 die Ansiedlung größerer Industrien in der Residenzstadt verhindert, geht der erste nennenswerte industrielle Impuls von Linden aus. Zur ersten Gründungswelle in den 1830er Jahren gehören die *Hannoversche Baumwollweberei* und die *Egestorffsche Maschinenfabrik* (die spätere *Hanomag*), zeitweilig der größte europäische Lokomotiven-Hersteller. Bereits 1836 verlässt eine Dampfmaschine, 1846 die erste von 10.000 Lokomotiven das Werk, später folgen Kleinautos, Traktoren und Lastkraftwagen.

Innerhalb weniger Jahrzehnte entwickelt sich Linden von einer Garten- zu einer Industriestadt: große Fabriken und Arbeitersiedlungen prägen den „Hinterhof von Hannover“. Erst 1920 wird Linden ein hannoverscher Stadtteil. Die bis

Heizkraftwerk Linden, die drei „warmen Brüder“

dahin selbstständigen Städte kehren sich deshalb am „Grenzfluss“ Ihme ihre unschönen „Rückseiten“ zu. Letztes Relikt des breiten Fabrikgürtels ist die ehemalige Bettfedernfabrik *Werner und Ehlers*, heute Domizil des Kulturzentrums *Faust*. Auf den Brachen dieses Gürtels wird 1963 als „Tor nach Linden“ das Heizkraftwerk errichtet, das 1975 die hohen Schornsteine erhält, um die Wohnqualität des im gleichen Jahr fertig gestellten *Ihme-Zentrums* nicht zu beeinträchtigen. Beide Teile der Stadt bilden bis heute kein Ganzes. Wo sich auf der Lindener Seite die Baumassen türmen, erstreckt sich auf hannoverscher Seite ein Grünstreifen!

Die lange Eigenständigkeit des Stadtteils hat auch das Bewusstsein der Lindener geprägt. Linden ist anders, hat eine eigene Kultur. Noch heute wird beispielsweise das „Bauarbeiterbier“ *Lindener Spezial* fast ausschließlich in Linden getrunken. Aus dem Arbeiterviertel ist das Viertel mit dem höchsten Ausländeranteil geworden. Linden ist daher Hannovers lebendigster Stadtteil, ein bisschen bunter, greller, schräger, schriller. Es ist Hannovers „Szene-Viertel“ mit temporären Projekten wie dem einstigen *Wohnraumatelier*, halblegalen Läden wie *Feinkost Lampe* oder obskuren Veranstaltungsorten mit so putzigen Namen wie *Bei Chez Heinz*. Entweder mag man Linden oder man mag es nicht. So profitieren viele von der Szene, wohnen aber lieber in der List. „In der List ist vor allem die Vielfalt der dort lebenden Berufsgruppen erstaunlich: Es gibt Hauptschullehrer, Gymnasiallehrer, Realschullehrer, Grundschullehrer, Sonderschullehrer und Berufsschullehrer. Das ist freilich nur ein Vorurteil: Es gibt natürlich auch Lehrerinnen“, schreibt der hannoversche Journalist Imre Grimm so schön. Die Lager List und Linden sind zwei Weltanschauungen.

Gegen Ende des Jahrhunderts entwickelt sich in Hannover eine glückliche Mischung verschiedener Industriezweige: Zur anfänglichen Kalk- und Ziegelindustrie, dem Maschinenbau, der Chemischen und der Textilindustrie gesellen sich jetzt der Fahrzeugbau, die Gummiindustrie, die Papierverarbeitung, die Elektroindustrie, die Kali- und Zementindustrie und die Erdölverarbeitung. Vor allem aber entsteht als „veredelter“ Ausdruck der traditionellen Landwirtschaft im Agrarland Niedersachsen die gehobene Nahrungs- und Genussmittelindustrie. „Merkwürdig ist es, daß in Hannover das Familienglück der Mittelstände durch eine ganz singulaire, in allen Orten total unbekannte Leidenschaft untergraben wird. In München vertrinkt man den Verstand in Bier … ; in Baden-Baden verspielt man ihn am Roulette … ; in Paris opfert man denselben der Wollust; aber in Hannover, ja in Hannover – es ist schauderhaft zu sagen, aber wahr, – verschlickert man ihn in Kuchen“, bemerkt der Schriftsteller Theodor von Kobbe schon vor 200 Jahren zum hannoverschen „Japp“ auf „Schnökerkram“: „Ein jeder Reisende kann sich von dieser tiefen unumstößlichen Wahrheit überzeugen, wenn er einige Stunden beim Conditor zubringen will.“

In Hannover existiert eine lange Konditorei-Tradition und Caféhaus-Kultur. Bereits 1702 öffnet mit dem *Café Electoral* das erste hannoversche Kaffeehaus, die ersten Konditoreien entstehen jedoch erst gegen Ende des 18. Jahrhunderts, als Schweizer Konditoren Zuckerbäckereien mit Kaffeewirtschaften verbinden. In den ersten Café-Konditoreien werden ausgefallene Kolonialwaren und kostspielige Delikatessen angeboten, die sich anfangs kaum von denen der Nahrungsmittelhandlungen wie *Carl Capelle* (1788) oder späterer Kaffeeröstereien wie *Eichhorn* (1835) oder *Ernst Grote* (1873) unterscheiden. Paul Bernhard nennt seinen Betrieb noch 1823 „Conditor, Liqueur- und Chokolatefabrik, auch Weinhandlung und Restauration" und führt neben Zuckerbackwerk, „allerlei Sorten Confectüren, als: überzogenes, candirtes, Bonbons von Chokolade", Gefrorenem, Limonaden, Punsch und „allerlei Sorten feine(n) Liqueurs" auch Pasteten, Käse und Sardellen, marinierte Aale und Gänse in Gallert.

Lange bevor das *Café Robby* an den Opernplatz zieht, dort später den Namen *Café Kröpcke* annimmt und dem zentralen hannoverschen Verkehrsknotenpunkt erst zu seinem Namen verhilft, ist es bereits eine erste Adresse in der Leinstraße. In Robbys „Waaren"-Auflistung befinden sich um 1818 unter 300 Positionen von Kuchen, Schokoladen und Konfekt allein 70 verschiedene Torten, sein Sohn George bringt es Jahrzehnte später sogar auf 112 – von A wie „Alliancetorte" bis Y wie „Ypsilantitorte". Zudem gibt es „Gefrorenes in großen Formen" wie „Schiller und Göthe als Büste. Bachus auf dem Fasse. Amor schlafend. Pegasus. Ariadne. Wickelkind auf Kissen. Pantoffel auf Kissen. Affe. Gebratenes Huhn. Papagei mit und ohne Bauer. Delphine verschiedener Grösse. Löwen verschiedener Grösse. Wilde Ente. Schwan. Fasan. Eichkätzchen. Wildes Schwein. Wilder Schweinskopf. Sitzender Pudel."

Die beiden letzten traditionellen Konditoreien sind die **Holländische Kakaostube** von 1921, die auf das *Cacao-Probe-Local* der Firma van Houten von 1895 zurückgeht, und das 1873 von Friedrich Kreipe übernommene *Café Kreipe*, wo Kurt Schwitters in den 1920er Jahren seine Bismarcktorte isst. Aus den traditionellen Familienunternehmen der Konditorei- und Feinkostbranche entwickelt sich im letzten Drittel des 19. Jahrhunderts die besonders ausgeprägte hannoversche Genussmittelindustrie mit Unternehmen wie der Schokoladenfabrik *Sprengel* (1851), *Bahlsens Keksfabrik* (1889) oder der Firma *Feinkost Appel* (1879). Es ist kein Zufall, dass Bahlsen aus dem „Cakes" den „Keks", Appel aus „Delikatessen" die „Feinkost" entwickelt: Die enge Verbindung zum Geistigen und zur Kunst macht die Markenartikel aus den hannoverschen Familienunternehmen zu etwas Besonderem. „Der Stil, der die schöpferische Investition und die geistige Unternehmerpersönlichkeit hinter der alltäglichen Ware ahnen läßt, hat sich auf Dauer als werbewirksamste Verkaufsförderung erwiesen", beobachtet der FAZ-Redakteur Klaus Wiborg.

Der Versuch, den Umgang mit der Ware zu beseelen, schlägt sich auch auf die personifizierten Warenzeichen nieder: Zum ältesten Logo der Welt, Günther Wagners Pelikan von 1878, gesellen sich Sprengels Bienenkorb, Appels Krebs, Bahlsens ägyptische Schlange der Verführung, das springende Pferd der Continental und das Zeichen einer der schönsten Erfindungen überhaupt, der sitzende Hund der Grammophon, gebannt durch „His Masters Voice", „Die Stimme seines Herrn". Hannoverschen Unternehmern, die wie Bahlsen, Appel oder Sprengel Luxusgüter herstellen, oder die wie Pelikan dem Metier der Kunst nahe stehen, verdankt Hannover bedeutende private Kunstsammlungen, die sich heute im **Landes- und Sprengel-Museum** befinden.

12

UNTERNEHMEN KUNST

Gleichermaßen Musterbeispiel eines „echten, wagenden Mäzenatentums" (Wolfgang Venzmer) wie ambivalente Ausnahmeerscheinung der hannoverschen Unternehmer ist Hermann Bahlsen – eine Persönlichkeit, in der sich das Gespür für neue Fabrikations- und Verpackungsmethoden, für die zunehmende Bedeutung der Werbung und für kulturelle Verpflichtungen miteinander verbinden. Bahlsen erkennt, so Hansi Kessler, dass „der Stil der Verpackung der Güte und dem Geschmack ... seiner Waren entsprechen" muss. Ihm geht es nicht um modische Dekoration, sondern um ein Gesamtkunstwerk aus einem Guss, das im Verwaltungs- und Fabrikbau an der Podbielskistraße kulminiert. Bahlsen beschäftigt Künstler mit der dekorativen Ausgestaltung des Neubaus und stattet die Fabrik mit Bildern aus. Er unterscheidet anfangs nicht zwischen Beruf und Liebhaberei, kauft die Kunstwerke weniger um einer privaten Sammlung willen, sondern möchte seine Mitarbeiter an der geistigen Bereicherung teilhaben lassen, die der Umgang mit Kunst für ihn bedeutet. Er ist ein Industrieller mit ausgeprägten geistigen und künstlerischen Interessen, seine Kunstsammlung

Bahlsens Brezelmänner

steht immer im engen Zusammenhang mit der angewandten Kunst und Werbung, dient als Vorbild für seine Verpackungen und Plakate. Über die Künstler, die seine Ware bewerben und gestalten, kommt er zur Kunst.

Anderen Unternehmern geht es ähnlich: „Zur Erlangung einer Kollektion von Bildern, die es ermöglicht, die Wirkung der Pelikan-Künstlerfarben in vielseitiger Praxis zu beobachten", schreibt Fritz Beindorff, Inhaber der Pelikan-Werke, 1911 und 1913 Wettbewerbe für Künstler aus. Bedingung der Wettbewerbe und Prämisse der Kunstförderung ist die ausschließliche Verwendung von Farben der Firma Pelikan. Als Kunstsachverständige in der Jury sitzen 1911 keine geringeren als Alfred Lichtwark, Gustav Pauli und Max Liebermann. 1911 werden Preise im Gesamtwert von 25.000 Goldmark vergeben, 1913, zum 75-jährigen Bestehen der Firma, sogar von 75.000 Goldmark.

Diese „Kollektion von Bildern", an denen die Pelikan-Farben getestet werden, bildet den Grundstock der Pelikansammlung, die über den gesamten Betrieb verteilt wird. Dort soll sie den Werksangehörigen den Zusammenhang zwischen den Produkten des Hauses und deren Endprodukt, dem Kunstwerk, vermitteln. Die wenigsten der Ankäufe haben bis heute Bestand. Erst Jahre später sammelt Beindorff vorzügliche impressionistische und expressionistische Werke. Anfang der 30er Jahre trägt er schließlich eine kleine Galerie kostbarer Kunstwerke zusammen, die heute die Glanzlichter des **Landesmuseums** bilden: einen Riemenschneider, die große *Venus mit Amor* und das Doppelporträt von Martin Luther und seiner Frau von Lucas Cranach, sowie ein Dutzend niederländischer Meisterwerke, darunter eine *Madonna mit Kind* von Rubens, zwei Charakterköpfe von van Dyck und als kostbarstes Stück Rembrandts *Landschaft mit der Taufe des Kämmerers*.

Auch Hermann Bahlsen legt eine eigene Sammlung an, die neben Arbeiten von Nolde, Pechstein und Barlach diverse Werke von Paula Modersohn-Becker und Bernhard Hoetger enthält. Bahlsen ist eine eigenwillige Persönlichkeit, die sich für unbekannte, aber viel versprechende Künstler einsetzt: Vor allem fördert er Adolf Hölzel, seine Werke bilden den bedeutendsten Komplex der Sammlung. Bei ihm gibt er die drei großen Fenster für den Sitzungssaal in Auftrag und lässt ihm bei der Ausführung völlig freie Hand. Umso erstaunlicher, wenn man die offizielle Kunstpolitik der Stadt betrachtet: Stadtdirektor Heinrich Tramm ist von 1891 bis zu seinem Tod 1932 die maßgebliche Instanz der städtischen Kunstpolitik, für Christof Spengemann sogar „unumschränkter Herrscher im Kunstbereich der Stadt".

Spengemann, einer der engagiertesten Anhänger der Moderne, arbeitet für Hermann Bahlsen zunächst als freier Werbetexter, wird schnell Leiter der Werbeabteilung und gründet zwei Hauszeitungen. Er lässt einen Film drehen, komponiert einen Keks-Walzer und verfasst das Theaterstück *Der Streit der TET-Geister*, in dem Bahlsens Gebäckstücke um ihre Vorzüge wetteifern. Den Anfang macht der Leibniz-Keks: „Dem Weib, dem Mann, ja dem kleinsten Pöks / Gilt nichts so hoch wie ich, der Leibniz-Keks", heißt es da etwas holprig. Ab 1921 ist er zwei Jahre Leiter der Werbeabteilung bei den Pelikan-Werken, anschließend bei der Sichel-Kleisterfabrik.

1919 moniert er in seinem Aufsatz *Die bildende Kunst im neuen Hannover:* Tramm „war ein Mann von universalem Wollen. Sein Können hatte wie das jedes andern Menschen seine Grenzen. Uns interessiert hier nur Tramms Tätigkeit für die Kunst. Da fehlte es sehr am Können." Tramm ist ein anerkannter, doch konservativer Kunstkenner und kennt in Kunstsachen nur einen Maßstab: seinen eigenen. Sein Interesse konzentriert sich auf die gegenständliche Kunst des ausgehenden 19. Jahrhunderts, sein Kunstverständnis endet mit den Impressionisten. Tramm bestimmt als Stadtoberhaupt die Ankaufspolitik der Stadt, ist aber gleichzeitig Vorsitzender des **Kunstvereins,** regiert also Stadt und Kunstverein in „Personalunion".

Spengemann frotzelt weiter: „Die Stadt – das war Herr Tramm. Herr Tramm war die Stadt. [...] Und da er die Stadt war, hielt die Stadt ihre schützende, fördernde, wohlwollende Hand über den Kunstverein, den „Fossilien-Klub" mit seinem „prima Kulturschmus". Dessen lauwarme Dekorationskunst beschreibt Spengemann so: „Jäger, Abenteurer erleben vom Sofa aus. Der Wandervogel spart Stiefel. Üppige Stilleben für den Schlemmer, dem balzenden Jüngling ein fleischiges Mädchen. Kinder können erschreckt, belehrt und belustigt werden. Anschauungsunterricht mit ästhetischer Sauce. Und alles, meine Herrschaften, für eine Mark fuffzich."

Schließlich erwirbt Tramm eigenmächtig Gemälde für den Aufbau einer „modernen" städtischen Galerie. „Da war viel nachzuholen, denn wir besaßen nichts. Und so dachte man wohl, es müsse nun schnell gehen. Als die Sammlung zuerst 1913 gezeigt wurde, hatte man den Eindruck des hastigen Zusammenraffens", bemängelt Spengemann. „Das Gesamtresultat wird auf Jahrhunderte hinaus ein dunkler Punkt in der Kunstgeschichte Hannovers bleiben. Nur eine wirkliche Freude konnten wir erleben: das große Hodlerbild [im Neuen Rathaus] ... man begreift nicht, wie wir zu diesem Hodler kommen. Er steht so weit abseits von der Linie, die hier verfolgt wurde, daß man sein Vorhandensein als einen Zufall, als einen unerhörten Glücksfall bezeichnen muß." Der Zufall heißt in diesem Fall Max Liebermann, der Ferdinand Hodler für die Ausgestaltung des Sitzungssaals vorschlägt. Der impressionistische Künstler ist mit Tramm befreundet und portraitiert ihn mehrfach.

Zu lange hat man sich hier vor all dem verschlossen, „was die ausgetretene, bequeme Landstraße des Gewohnten und Überlieferten verließ", beklagt 1916 auch Paul Erich Küppers, Assistent am *Kestner-Museum.* Als Gegengewicht zur einseitigen offiziellen Kunstpolitik der Stadt mit ihrer „behaglichen Mittelwärme" gründet er zusammen mit seinem Chef Albert Brinckmann und anderen 1916 die **Kestner-Gesellschaft**: keinen Kunstverein, sondern einen „Anti-Kunstverein", eine unabhängige, private Vereinigung kunstinteressierter Menschen. Anfangs ist die Kestner-Gesellschaft allerdings gar nicht so „anti" und erweist dem mächtigen Stadtdirektor zunächst eine Referenz mit einer Liebermann-Ausstellung. Tramm stellt für die Ausstellung ein eigenes Liebermann-Bild zur Verfügung, ist auch bei der Paula-Modersohn-Becker-Ausstellung im Jahr darauf Leihgeber und fast von Beginn an Mitglied der Kestner-Gesellschaft.

Bahlsens Keksfabrik von hinten

Mitglied Nr. 1 der Kestner-Gesellschaft ist Hermann Bahlsen. Bahlsens leidenschaftliches Engagement für das Ungewohnte steckt an: 1918 regt er dort die erste große Hölzel-Ausstellung an. Wenige Tage nach der Eröffnung kauft Fritz Beindorff die komplette Ausstellung: 122 Arbeiten, darunter 75 Gemälde. Auch Beindorff gibt 1932 bei Hölzel Glasfenster für den Sitzungssal der Pelikanwerke in Auftrag. Anders als die Hölzel-Fenster bei Bahlsen werden sie im Krieg weitgehend zerstört, nur wenige der 112 Scheiben bleiben ganz. 1963 wagt die Glasbaufirma eine freie Rekonstruktion. Fritz Beindorff ist der bedeutendste Förderer der Kestner-Gesellschaft in den ersten 20 Jahren ihres Bestehens.

Bahlsen und Beindorff stehen nicht alleine da. Die großen hannoverschen Unternehmer Appel, Beindorff, Berliner, Edler, de Haen, Jänecke, Körting, Madsack, Seligmann (Continental) und Sprengel folgen seinem Beispiel und werden Mitglied in der Kestner-Gesellschaft, sitzen im Beirat oder betätigen sich als Stifter. Ein großer Teil von ihnen finanziert aber auch gleichzeitig Tramms Kunstpolitik! Denn viele Mäzene können mit der Kunstausrichtung der Kestner-Gesellschaft wenig anfangen.

Andererseits ist auch ein Visionär wie Hermann Bahlsen nicht vor Missgriffen gefeit. Neben so herausragenden Künstlern wie Adolf Hölzel und Paula Modersohn-Becker fördert er Bernhard Hoetger. Bahlsen ist von dessen Arbeiten so angetan, dass er sogar ein Hoetger-Museum plant, das der Künstler entwerfen soll. Hoetger zieht daraufhin kurzzeitig nach Hannover. Zusammen entwickeln sie ein gigantisches Bau-Projekt, das erneut Bahlsens mutiges und kompromissloses Eintreten für das Unbekannte abseits der gewohnten Bahnen zeigt: Ein Gesamtkunstwerk ganz eigener Art soll die sogenannte *TET-Stadt* werden; das altägyptische Wort steht für „unvergänglich". Geplant ist eine gigantische „Keksfabrik der Zukunft", ein eigene kleine Stadt mit Wohngebäuden, Geschäften und Cafés, einem Theater, einem Kino, einer Kirche, einem Schwimmbad und zwei Schulen.

Paul Madsack, Feuilletonchef des *Hannoverschen Anzeigers*, verarbeitet das größenwahnsinnige Projekt 1924 in seinem Roman *Der schwarze Magier*: „Eines Tages erschien der Meister mit einem großen Gipsmodell, das er vor Krümelmann auf den Tisch stellte. ‚Was ist das, Meister?', fragte Krümelmann. ‚Welch neues Kunstwerk hat ihr Genie ersonnen?' – ‚Es ist allerdings ein Kunstwerk ganz besonderer Art', entgegnete Avantino geheimnisvoll, ‚aber es ist mehr noch als das, es ist das Modell zu einem gewaltigen Backhaus, das Sie bauen werden, eine Kuchenfabrik im altägyptischen Stile von einer Ausgedehntheit, die ganze Welt mit Kuchen zu versorgen. Ja. Eigentlich ist es nicht nur eine Kuchenfabrik, sondern eine ganze Stadt ..." Deren Mitte bildete „die altägyptische MEM-Säule, die noch höher als der Turm von Babel werden sollte und deren Kuppel ein kolossaler schokoladenfarbiger Mohrenkopf krönte. [...] Die Maschinenhallen sahen wie gotische Kirchen aus, und dazwischen standen Pyramiden, vor denen Figuren mit Löwen- und Sphinxköpfen zu sehen waren, die Kuchen und Kringel aus der Krümelmannschen Konditorei im Maule hatten."

Bahlsen Bemühen, die soziale Gemeinschaft von der Arbeits- auf die Wohnsphäre auszuweiten, erscheint dem Theaterkritiker Henning Rischbieter als ein „imperialer, eher erschreckender als beeindruckender Entwurf". Und der Architekturtheoretiker Wolfgang Pehnt bemängelt, dass die TET-Stadt zwar großzügige kulturelle und soziale Einrichtungen vorsieht, aber auch „das alltägliche Leben der Bewohner mit den – als Kunst deklarierten – Machtsymbolen ihres Brotherrn konfrontiert". Die TET-Stadt ist uns erspart geblieben: Hoetgers Vorstellungen sind ökonomisch und konstruktiv nur bedingt umsetzbar. Als der Absatz der Bahlsenschen Keksfabrik im Laufe des Krieges drastisch zurückgeht, wird die Planung 1919 schließlich aufgegeben.

Die Industrie verleiht Hannover ein neues Gesicht, entstellt die Stadt aber nicht. Die Fabriken von Pelikan und Bahlsen, selbst die drei großen Werke der Continental sind keine Fremdkörper, sondern ein Gewinn für das Stadtbild. Die im Krieg zerstörten Lindener HAWA-Hallen und das neoklassizistische Verwaltungsgebäude der Continental errichtet kein geringerer als Peter Behrens, Hans Poelzig entwirft das Lagerhaus der Textilfabrik Meyer in Vinnhorst *(Abb. S. 68)*. August Madsack beauftragt schließlich den hanseatischen Stararchitekten Fritz Höger mit dem Bau des **Anzeiger-Hochhauses** *(Abb. S. 74)* und finanziert die neue Attraktion des Planetariums unter der Kuppel seines Art-Deco-Palastes. Hier finden regelmäßig Vorträge, Konzerte und Filmvorführungen der Kestner-Gesellschaft statt.

Die Wiedereröffnung der **Kestner-Gesellschaft** 1948 ist wieder eng verbunden mit den Firmenchefs Werner Bahlsen, Klaus Beindorff, Wilhelm Stichweh und Bernhard Sprengel. Wilhelm Stichweh gibt die entscheidenden Impulse für die Wiederaufnahme der Arbeit, Werner Bahlsen trägt wesentlich zum Erwerb des Hauses bei, Bernhard Sprengel bestückt viele Ausstellungen der Kestner-Gesellschaft mit Werken aus der eigenen Sammlung, die er Ende der 30er Jahre anlegt: Wie viele andere besucht Bernhard Sprengel 1937 die Schau *Entartete Kunst* in München und wirft zum vorläufig letzten Mal einen Blick auf Kunstwerke, die bald darauf vernichtet oder aber ins Ausland verscherbelt werden. Die Ausstellung wirkt auf das Ehepaar Sprengel „wie eine Fanfare."

Postwendend erwirbt er noch in München drei Aquarelle von Emil Nolde und legt damit den Grundstein zu einer Sammlung, die mit über 800 Werken immer noch das Herz des **Sprengel-Museums** bildet: Eine in 30 Jahren zusammen getragene Sammlung der klassischen Moderne, die gleichermaßen durch ihre Breite wie durch ihre Dichte überzeugt. Besondere Schwerpunkte bilden die Werkgruppen von Klee, Beckmann und Picasso sowie die umfangreichste Nolde-Sammlung, die es heute gibt. Zu seinem 70. Geburtstag 1969 schenkt Bernhard Sprengel seine Sammlung der Stadt Hannover. Voraussetzung für die Schenkung ist ein repräsentativer Museumsbau. Sprengel selbst stiftet zusätzlich 2,5 Millionen Mark für den Bau des 1979 eröffneten und 1992 erweiterten *Kunstmuseum Hannover mit Sammlung Sprengel*, heute kurz *Sprengel-Museum*.

Ehemalige Continental-Verwaltung von Behrens

13

MODERATE MODERNE

Wasserwesen am Goseriedebad, dem Domizil der Kestner-Gesellschaft

KUNST ▶ In den 20er Jahren des letzten Jahrhunderts erlebt Hannover seine kulturelle Blütezeit in nahezu allen künstlerischen Disziplinen. Geistiger Umschlagplatz ist das *Café Kröpcke*, kultureller Knotenpunkt die *Kestner-Gesellschaft*. Das Café Kröpcke sorgt für Internationalität, für einen Hauch von Weltstadt: 250 Zeitungen und Fachblätter aus aller Welt liegen hier täglich aus. Hier trifft sich die Szene, hier überschneiden sich die Kreise. Das Café ist Treffpunkt, Heim und Arbeitsplatz für Künstler wie Kurt Schwitters, Kritiker wie Johann Frerking oder Christof Spengemann, Schriftsteller wie Erich Maria Remarque oder Vicky Baum, Verleger wie Paul Steegemann, Philosophen wie Theodor Lessing oder Ernst Jünger, Schauspieler und Tänzerinnen. „Es war durchaus kein langweiliges Nest – dieses Hannover. Im Gegenteil: Es schmeichelte sich damals sogar, ein kleines Babel zu sein – zumindest im Verhältnis zu seiner salonfähigen Vergangenheit, in welcher der Adel und die feudale Reitschule den Ton angegeben hatten", erinnert sich Gertrud Basse, die Frau des Filmemachers Wilfried Basse.

Der erste Direktor der **Kestner-Gesellschaft**, Paul Erich Küppers, macht die „stockkonservative Stadt" laut seiner Frau Sophie Küppers-Lissitzky zu einem „progressiven geistigen Zentrum Deutschlands". Unter seinem Nachfolger Alexander Dorner wird Hannover gar eine deutsche Kunstmetropole, eine Stadt der künstlerischen Experimente. In der Kestner-Gesellschaft geben sich namhafte Persönlichkeiten aus allen kulturellen Bereichen die Klinke in die Hand: Vorträge halten die Architekten Erich Mendelsohn (1920), Peter Behrens (1922) und Bruno Taut (1924), die Künstler Wassily Kandinsky (1924), Johannes Itten (1927) und Naum Gabo (1930), der in Hannover geborene Kunsthistoriker Erwin Panofsky spricht im Oktober 1932 über *Klassische Götter und Helden in der mittelalterlichen Kunst*. Aus eigenen Werken lesen Albrecht Schaeffer (1920 und 1928), Franz Werfel (1921) und Else Lasker-Schüler (1921). Von 1919–22 bestreitet Walter Gieseking diverse Klavierabende mit innovativen Kompositionen, in ihrem Haus in der Königstraße und an anderen Orten veranstaltet die Kestner-Gesellschaft Theaterabende, Filmvorführungen und Kostümfeste. 1919 erscheint das *Kestner-Buch* mit Beiträgen von Else Lasker-Schüler, Thomas Mann oder Walt Whitman und Graphiken von Heckel, Barlach, Feininger, Schwitters und Klee, im Frühjahr 1923 erscheinen insgesamt sechs *Kestner-Mappen* mit Lithographien von El Lissitzky, Schmidt-Rottluff oder Laszlo Moholy-Nagy.

Aber Joachim Ringelnatz, der 1927 und 1928 in der Kestner-Gesellschaft liest, schreibt in *Reisebriefe eines Artisten, Nochmals Hannover*: „Wenn nicht die Kestnerschen beherzt dazwischengegriffen, / Es stünde schlimm um Kunst und solchen Zauber." Denn Hannovers Bedeutung als „Strahlungszentrum der Moderne" ist auf einige Wenige zurückzuführen, die in Hannover Fremdkörper bleiben. Was immer hier an Überdurchschnittlichem, Modernem oder gar Provokantem geschieht, es entsteht aus einer privaten Initiative heraus, als Reaktion auf das offizielle Hannover. Denn das legt zwischen den Weltkriegen keinen Wert darauf, Metropole oder gar Avantgarde zu sein. Das Experimentelle und das Provinzielle, das Neue und das Konventionelle sind parallele Welten, die nebeneinander existieren. Noch 1928 schreibt der *Hannoversche Anzeiger*: Hannover „wird sich sicherlich zu einer Großstadt allerersten Ranges entwickeln, wenn es die alten, guten Bahnen, fernab jeder übertriebenen Moderne [...] weiter wandelt."

Durch die Kestner-Gesellschaft ermutigt, bildet sich im Jahr darauf als künstlerisches Pendant die *Hannoversche Sezession* – keine eigentliche Schule, sondern eine lose Gruppe ganz unterschiedlicher Künstler wie Otto Gleichmann, August Heitmüller, Fritz Burger-Mühlfeld, Max Buchartz, Ludwig Vierthaler und Georg Herting. Um 1920 versammelt sich dann eine ähnlich lockere Gruppe von Künstlern um den Lehrer der Grafikklasse an der Kunstgewerbeschule Fritz Burger-Mühlfeld. Zu ihnen zählen Friedrich Busack, Grete Jürgens, Hans Mertens, Ernst Thoms, Gerta Overbeck, Karl Rüter, Erich Wegner und Edgar Scheibe, besser bekannt unter dem Sammelbegriff der *Neuen Sachlichkeit*. Es sind Künstler, die sich dem Realismus verschreiben, zwischen Sozialkritik und Idylle oszillieren. Ihren Stoff zu Bildern und Zeichnungen finden sie „in Spelunken, wo Straßenmädchen verkehrten, in kleinen Lokalen mit sentimentalen Kabarettvorführungen", erinnert sich Gerta Overbeck.

Zu den kulturellen Eigeninitiativen der 1920er Jahre gehört auch der Salon der Käte Steinitz. In ihrer Wohnung in der Belle Etage des Hauses Basse in der Georgstraße 34 (heute 54) versammelt sie bald die hannoversche Kunstszene und die internationale Avantgarde. Ihre Wohnung wird zur Drehscheibe zwischen Künstlern, Intellektuellen und Sammlern, die sich in das berühmte *Gästebuch der Käte Steinitz* eintragen, einem Kunstwerk voll konstruktivistischer Zeichnungen und dadaistischer Collagen. Über Paul Erich Küppers lernt sie Kurt Schwitters kennen, der sich erstmals im Mai 1921 in ihrem Gästebuch verewigt.

Kurt Schwitters ist die zentrale Gestalt im Kulturleben 20er Jahre. Seine radikale *Merz*-Kunst mit ihrer konsequenten Verwendung kunstfremder Materialien, sprich: Abfall, ist heute aus der Geschichte der klassischen Moderne nicht mehr wegzudenken. Schwitters, zuerst als „Lumpensammler von Hannover" belächelt, hat seinen Durchbruch allerdings erst 1956 mit einer Retrospektive in der Kestner-Gesellschaft. Bis Anfang der 30er Jahre organisiert er zahlreiche Rezitationen, Konzerte und Lesungen in Hannover und *Merz-Abende* in seiner „Wohnung Waldhausenstraße 5, 2. Etage (linke Seite drittes Haus, Lampion am Eingang)". Die Merzabende sind meist improvisiertes Kleinkabarett mit viel Klamauk. Mit witzigen Einfällen, Sketchen und Nonsens bringt Schwitters das Publikum zum Lachen oder verblüfft es mit seiner *Ursonate* („Fümms bö wö tää zää Uu, pögiff, kwii Ee"). 1925 presst die *Deutsche Grammophon* in der Podbielskistraße das von Schwitters vorgetragene Scherzo seiner Ursonate auf Schallplatte.

Zeit seines Lebens bleibt Schwitters ein künstlerischer Einzelgänger und betätigt sich gleichzeitig in fast allen künstlerischen Disziplinen. Sinnbild für das Schwitterssche Gesamtkunstwerk ist sein 1923 begonnener *Merzbau* im elterlichen Wohnhaus Waldhausenstraße 5, gleichermaßen Ausstellungsraum und Kunstwerk, plastisch geformter Raum und begehbare Plastik. In der *Ka-*

Für Christof Spengemann unterscheidet sich der einstige „Anti-Kunstverein“ 15 Jahre nach seiner Gründung nicht mehr wesentlich vom Kunstverein, ist „nur ein Plätschern an der Oberfläche, als hätte man Angst, beim Untertauchen eine Viertelstunde nicht gesehen zu werden.“ Mittlerweile ist die Kunst auch hier nur noch ein „Lehnsessel für sentimentale Erbauungsstunden“, die Kestner-Gesellschaft ein versnobter Kunstzirkel, ein exklusiver Club mit Dünkel. „Man begrüßt sich gemessenen Schrittes und taucht, so weit es die konventionellen Anschauungen erlauben, in die Gebiete der Philosophie, Literatur und Kunst. Kühn dringt man bis an die Mündungen des Ästhetischen vor, lagert sich dort in gemeinsamer Erbauung, bis die bewährte Leitung zum Aufbruch in ein anderes ideelles Rittergut bläst.“ Auch der Salon der Käte Steinitz kommt nicht besser dabei weg: In der Zinnober-Festschrift definiert Spengemann 1928 den „Ästhetischen Salon“ als „Artiges Gesellschaftsspiel mit Teestimmung; in manchen Gegenden „Schmücke dein Heim“ genannt, oder: „die Kunst als Lutschbonbon“.

LITERATUR ▸ „Die gleiche Aufgabe, die sich die Kestner-Gesellschaft auf dem Gebiete der bildenden Kunst gestellt hat, stellt sich die neu gegründete literarische Gesellschaft *Der Morgen* auf dem Gebiete der dichtenden Kunst: Sie will das hannoversche Publikum mit den neuen und neuesten Erscheinungen bekannt machen.“ Friedrich Mellinger eröffnet die Reihe mit einer Lesung neuerer Dichter. Was er am 30. Januar 1918 vorträgt, „war allerdings nichts Morgiges“, urteilt die hannoversche Presse. Dem *Morgen* ist keine große Zukunft beschieden, aber „plötzlich, fast über Nacht“ kommt für den Theaterwissenschaftler Henning Rischbieter „ein literarisches Leben in Gang“: 1919/20 erscheinen mit dem *Hohen Ufer* und dem *Zweemann* gleich zwei expressionistische Monatszeitschriften. Von Hermann Bahlsen gesponsert, verlegt der Buchhändler Adolf Ey im *Hohen Ufer* Lyrik von Georg Trakl, Albrecht Schaeffer und Franz Werfel und Aufsätze der Architekten Hans Poelzig, Walter Gropius und Bruno Taut.

1919/20 gibt Christof Spengemann die kurzlebige Zeitschrift *Der Zweemann – Monatsblätter für Dichtung und Kunst* heraus. Neben Glossen und Polemiken veröffentlicht er hier expressionistische Lyrik, dadaistische Werke und Schwitters' erste Merzgedichte. Mit *Die Wahrheit über Anna Blume – Allen deutschen Kunstrichtern, die es nicht fassen können, Den betrübten Lohgerbern aller Länder leise weinend zugeeignet!* tritt er 1920 als erster für das literarische Werk von Kurt Schwitters ein. Die ersten drei Hefte des *Zweemann* gibt Spengemann zusammen mit dem morphiumsüchtigen Friedrich Wilhelm Wagner heraus. Der verarbeitet seine Erfahrungen in Heilanstalten und Nervenkliniken in dem Gedichtzyklus *Irrenhaus*, der 1920 im Zweemann-Verlag erscheint. Im gleichen Jahr veröffentlicht Paul Steegemann Wagners Werk *Jungfraun platzen männertoll*: „Auf den Dächern tanzen Greise. / Jungfraun platzen männertoll. / Ein Ballon bewegt sich leise / Lächelnd und sehr würdevoll.“

Im 1919 gegründeten *Paul-Steegemann-Verlag* erscheinen in den folgenden drei Jahren 153 Nummern der legendären *Silbergäule*, Publikationen der literarischen Avantgarde der 20er Jahre. Die Zugpferde des originellen Stalls sind die

Textilfabrik Meyer von Poelzig

Dadaisten, allen voran Kurt Schwitters: Zusammen mit einer spektakulären Plakataktion macht seine *Anna Blume* 1919 Steegemanns Reihe über Nacht bekannt. Ab September 1920 erscheint keine zwei Jahre ein sonderbares, kleines Wochenblatt, die *Pille – Eine aktuelle, kritische, freche, unparteiische hannoversche Wochenschrift*, die noch radikaler sein möchte als die Produkte des Steegemann-Verlags, der „den literarischen Geist der Steinzeit" atmet: „Dadaisten wollt ihr sein? Ich halte euch für verhunzte Mitarbeiter der Fliegenden Blätter". Dann folgt die Parodie *An Herrn Anna Blume*: „Du, der du mir, ihr, andern, allen Eseln – mir mit Bluff das Geld abknöpfst." Eine Charakterisierung des eigenes Blattes lautet in Heft 42 des 2. Jahrgangs: „Wir sind deutlich, frech, vielleicht unanständig, aber niemals astlochlüstern" und: „Die Pille taugt überhaupt nicht viel". Wenig später wird sie eingestellt. Noch extremer als auf dem Gebiet der Kunst, erlebt die progressive literarische Blüte in Hannover eine kurze, heftige Zeit: Auch das *Hohe Ufer* und der *Zweemann* gehen bereits 1920 ein.

1920 gibt Steegemann ein Doppelheft der Monatsschrift *Der Marstall* heraus, 1924 fünf Nummern der Wochenschrift *Störtebeker*. Hier veröffentlichen Theodor Lessing, Johann Frerking und Erich Maria Remarque, Letzterer seit 1922 Redakteur in der Werbeabteilung der Continental-Werke. Von Mai 1923 bis Dezember 1924 ist er „verantwortlich für den gesamten Inhalt" der Kundenzeitschrift *Echo-Continental*, schreibt Reportagen, Kurzgeschichten und Gedichte, die um Produkte der „Conti" kreisen: „Wie Kissen federn weich die Contireifen". Und er liefert Verse zu Bildgeschichten in bester Busch-Manier: „Drum Contireifen aufgezogen / Dann bleibt Fortuna dir gewogen." Im Januar 1925 zieht er nach Berlin, liefert aber die nächsten Jahre weiterhin Beiträge für *Echo Continental*. Mittlerweile mondäner Lebemann, schreibt er vorher noch für Paul Steegemanns Wochenschrift *Störtebeker* die Artikel *Über das Mixen kostbarer Schnäpse* und *Leitfaden der Dekadence*, liefert aber auch für eine Ausstellung der *Gruppe K* in der **Kestner-Gesellschaft** ein seriöses Katalog-Vorwort.

Michael-Kirche

Seit 1917 finden in der Kestner-Gesellschaft regelmäßig Lesungen zeitgenössischer Autoren statt, unter ihnen Franz Werfel, Else Lasker-Schüler und Kurt Schwitters. Gleich zweimal lesen hier Albrecht Schaeffer und Joachim Ringelnatz, Theodor Däubler gastiert hier sogar gleich drei Mal: 1917, 1921 und 1927. Zur letzten Lesung *Reise durch den Orient und Balkan* im März 1927 bemängelt Friedrich Rasche im *Hannoverschen Anzeiger*: „Nicht über den Orient und nicht über den Balkan, wie es vorgesehen war, plauderte Theodor Däubler, sondern über Griechenland ... Sein Stehgreifvortrag war ein imponierendes Gedankenkonglomerat, ein wenig wahllos zusammengerafft, aber fesselnd durch Eigenart." Zum Schluß liest Däubler aus eigenen Gedichten: „Verse, die zweifellos echt und fein empfunden, sprachlich aber oft auch unerträglich verschnörkelt sind. Der Beifall war herzlich."

THEATER ▸ Für die hannoverschen Avantgarde-Blätter schreibt auch Johann Frerking, den Stil des *Hohen Ufers* prägt er besonders mit seinen Theaterkritiken. Im Januar 1919 rechnet er dort mit dem Repertoire des Städtischen Schauspiels ab, das sich einerseits „auf ein ständig rotierendes Repetitorium der gängigsten Klassiker" gründet und zum anderen auf ein „glattes und plattes Amüsier- und Sensationstheater" von „Kitschkrämern", „Schwankschustern" und „Ersatztalenten". Auffallend ist dabei der sichere „Sinn und Griff für das Falsche", denn „selbst wenn ein guter [...] Name auf dem Plane erschien, so handelte es sich mit Sicherheit entweder um ein uraltes Stück, das seine Aktualität längst bis auf den letzten Rest auf anderen Stadtbühnen verströmt hatte [...], oder aber [...] man hatte mit geradezu unheimlich scharfem Blick eine Niete entdeckt und freudig sich angeeignet." Schuld daran ist die „durch den jahrzehntelang konsequent durchgehaltenen Stumpfsinn dieses Schauspielbetriebes" geförderte „behagliche Bildungsspießerei" einer „Zuschauerschaft, die allen noch so blöden Surrogaten und abgestandenen Sentimentalitäten ihren herzlichen, unparteiischen Beifall kaum jemals versagt hat", der „alles gleich lieblich einging und die immer nur die eine Frage bewegte, ob sie sich am Ende kriegten oder gemeinsam in den Teich gingen."

Das *Königliche Hoftheater* erhält bereits von 1909–11 kurzzeitig frischen Wind unter der Leitung von Ludwig von Barnay, 1911 wird die *Schauburg* als privates Theater in der Hildesheimer Straße errichtet, geht aber bereits ein Jahr später in Konkurs. 1912/13 dient die *Schauburg* dem ausgebrannten Berliner *Theater des Westens* als Spielstätte, anschließend als Operettenbühne, 1919/20 hat hier die *Kestner-Bühne* ein kurzes Gastspiel: Sie wird im August 1919 „nach langer Debatte über das Theaterelend in Hannover" gegründet, um die wichtigsten Werke der neueren Dramatik aus dem Repertoire der besten Bühnen Deutschlands in Hannover zur Aufführung zu bringen. In fünf Monaten werden ganze fünf Vorstellungen gegeben. Gezeigt werden Stücke von Strindberg und Ibsen, von Wedekind und Werfel.

1917–23 ist Richard Lert erster Kapellmeister am Hoftheater. Unter seiner Führung wird die hannoversche Oper wieder zu einer überregional beachteten Institution. Durch „musikalisch ungewohnte Tendenzen" zeitgenössischer Komponisten wie Arnold Schönberg und Max Reger werden laut Heinrich Sievers alte „liebe Gewohnheiten bequemen Kunstgenießens [...] aufgeschreckt." Auch Otto Klemperer und Wilhelm Furtwängler sind 1921 in Hannover. Über die moderne Uraufführung von Egon Wellesz´ *Prinzessin Girnara* empört sich die hannoversche Zeitung *Signale*: „Was dachte sich der Komponist bei dieser Arbeit? Auf Melodie, auf Motive und thematische Arbeit hat er freiwillig verzichtet. Der Komponist will Stimmung und Illustration des Geschehens ausschließlich durch Harmonie und Klangfarben erzielen. Der Komponist ist kein Neutöner, sondern ein Neugeräuschler. Und ebenso verwegen ist´s, dieses sonderbare Quieken, Grunzen, Schaben, und Klirren des Orchesters irgendwie als Harmonie bezeichnen zu wollen. [...] Wir verbitten uns in Zukunft derlei Attentate auf Künstlerschaft und Publikum." Das Werk bringt es nur auf vier Aufführungen. Auch die Kestner-Gesellschaft veranstaltet im November 1922 einen Abend mit ungewohnt neuer Musik von Paul Hindemith und Arnold Schönberg, die nicht nach dem Geschmack der Zuhörer ist.

Ab 1919 erlebt Hannovers Theater eine kurze Blüte unter Schauspieldirektor Rolf Roennecke und Intendant Willy Grunwald. Ab 1923 ist Johann Frerking Regisseur und Dramaturg an den Städtischen Bühnen. Die Bühnenbilder werden abstrakter, die Inszenierungen gewagter, die Stücke moderner: Werke von Ibsen, Strindberg und Schnitzler, die entweder noch gar nicht oder lange nicht mehr gezeigt wurden, stehen ebenso auf dem Spielpan wie die expressionistischen Dramatiker Walter Hasenclever, Georg Kaiser und Carl Sternheim. Die Uraufführung von Klabunds *Nachtwandlern* in Anwesenheit des Autors ruft am 7. Mai 1920 einen Skandal hervor.

Mit Beginn der Ära Roennecke ist für Frerking vom „überalterten, arg verschlissenen Spielplan" nichts mehr übrig geblieben. Obwohl „man über einem Sumpf nicht ohne weiteres eine Kathedrale errichten kann", hat Roennecke in kürzester Zeit geschafft, „was an dieser Stelle seit Menschengedenken vermißt worden ist: ... Das Selbstverständliche ist endlich Ereignis geworden". Mit dem Theateraufschwung 1919–26 beginnt aber auch der Niedergang der privaten Bühnen. Nach dem Skandal um Schnitzlers *Reigen* 1921 siecht das *Residenztheater* in der Marktstraße längere Zeit dahin und wird 1922 zum Parkhaus umgebaut. Das *Deutsche Theater* in der Reuterstraße, in dem Pirandello 1925 mit seiner eigenen Truppe *6 Personen suchen einen Autor* spielt, wird 1933 geschlossen. Bereits 1921 war das Hoftheater in den Besitz der Stadt übergegangen, 1925 die Schauburg, die daraufhin in *Schauspielhaus* umbenannt wird. Die *Städtischen Bühnen*, das reine *Opernhaus* und reine *Schauspielhaus,* stehen jetzt unter dem Einfluss von Stadtdirektor Tramm. In den 20er Jahren ist er auch Mitglied im Theaterausschuss und kontrolliert die städtische Thea-

Heinemannstift von Van de Velde

terpolitik: Bis 1927 werden Willy Grunwald vergrault, Johann Frerking entlassen und Rolf Roennecke gefeuert. Die Bewerbung von Erwin Piscator um den Posten des hannoverschen Intendanten 1924 wird gar nicht erst beachtet. Aus Angst vor allzu großer Modernität wird eine „gediegene Mittellinie" verfolgt, die in den üblichen und erprobten Gleisen bleibt. Das hannoversche Theaterleben widmet sich nun wieder „den Wünschen alteingesessener Abonennnten", die „durch keine Experimente beunruhigt werden" wollen (Frank Thies) und der „auf geistige Bequemlichkeit gegründeten Vorliebe für die Oper" (Johann Frerking).

TANZ ▸ Der Stadtkurier berichtet am 11. März 1919: „Es wird behauptet, und es wird wohl auch richtig sein, daß hier durchschnittlich an jedem Abend 40 Tanzereien stattfinden." Der **Jazz Club Hannover** wird offiziell zwar erst 1966 gegründet, die Geschichte des hannoverschen Jazz reicht jedoch bis in die 1920er Jahre zurück: Am 1. Mai 1924 startet die *Alex Hyde Band* aus New York als erste amerikanische Jazzband ihre Deutschland-Tournee im Tivoli-Varieté in Hannover! 1925 treten die *Chocolate Kiddies* im Mellini Theater auf, Bernard Etté gastiert mit seinen *Jazz Symphonians* erstmals im März 1926 im Café Continental. Die erste hannoversche Jazzband, *The Wembley Band* von Georg Nettelmann, spielt bereits 1924 in der Roten Mühle.

Vor allem jedoch auf dem Gebiet des Bühnentanzes setzt Hannover internationale Maßstäbe. 1886 wird Karoline Sophie Marie Wiegmann in der Schmiedestraße 33 geboren, besser bekannt als Mary Wigman, Schöpferin des „Freien Tanzes", des späteren „Modernen Ausdruckstanzes". 1919 unternimmt Mary Wigman eine Tournee durch Deutschland und macht auch in Hannover Station, 1920 gründet sie eine eigene Tanzschule in Dresden. Drei ihrer besten Schüler arbeiten einige Jahre später in Hannover: Harald Kreutzberg, Yvonne Georgi und Max Terpis.

Terpis ist 1922/23 Solotänzer und Ballettmeister an den städtischen Bühnen und gibt dem hannoverschen Tanz bedeutenden Auftrieb. Alle waren „so aufgewühlt und erschüttert, daß die Wände nicht mehr gerade standen", erinnert sich die Harfenistin und spätere Schriftstellerin Vicky Baum, deren Mann Richard Lert als Dirigent am hannoverschen Opernhaus arbeitet. Sie wird selbst Mitglied beim Ballett und lernt bei Terpis Ausdruckstanz. 1923 wird er von der Berliner Staatsoper abgeworben, Vicky zieht mit ihrem Mann nach Mannheim und fühlt sich dort nach „dem guten, frischen Wind, der so aufpeitschend durch Kunst- und Theaterleben fuhr," in eine „stehengebliebene Vergangenheit zurückversetzt". Dass das Theaterleben in Hannover ab Mitte der 20er Jahre auch wieder ganz anders aussieht, erlebt sie nicht mehr.

Yvonne Georgi, für Mary Wigman ihre „einfallsreichste" und „vielseitigste" Schülerin, geht 1925 als jüngste deutsche Ballettmeisterin nach Gera, ein Jahr später holt Richard Lerts Nachfolger Rudolf Krasselt sie nach Hannover. Ab der Spielzeit 1926/27 ist sie Ballettmeisterin der Städtischen Bühnen und eröffnet eine eigene Schule für Tanz. Unter ihrer Führung entwickelt sich Hannover zu einem Zentrum für modernen Tanz. Schon für ihren ersten Ballettabend im

Dezember 1926 borgt sie Harald Kreutzberg, der bei ihrem Vorgänger Max Terpis an der Berliner Staatsoper tanzt, für die Hauptrolle in *Petruschka* von Igor Strawinsky, der dann 1931 Hannover besucht. Kreutzberg und Georgi tanzen gemeinsam in Berlin und in Hannover, 1927 gibt Kreutzberg sein Berliner Engagement auf und kommt als Solotänzer nach Hannover, 1928 erlebt das hannoversche Ballett allein vier Uraufführungen.

Kreutzberg und Georgi sind von Ende 1926 bis Anfang 1931 Ballettmeister der Städtischen Bühnen. In ihrer Freizeit hört Yvonne Georgi auch einem jungen Kollegen vom Schauspiel seine Rollen-Texte ab: Franz Theodor Schmitz, besser bekannt als Theo Lingen, der 1922 an der Schauburg sein Debüt hat. Georgi und Kreutzberg sind das führende Tanzpaar auf der internationalen Bühne der 20er Jahre und unternehmen mehrere Tourneen nach Amerika. Im Frühjahr 1931 endet die Partnerschaft der beiden, als die Georgi nach Holland geht. Von Ende 1932 bis Anfang 1936 ist sie jedoch erneut in Hannover, ihr Tanzpartner ist jetzt Victor Gsovsky. Inzwischen hat sich die neue Tanzkunst in Hannover etabliert. Die *Freie Volksbühne*, die auch Gastspiele von Mary Wigman und Gret Palucca organisiert, veranstaltet im April 1929 im Schauspielhaus die *Morgenfeier: Wort und Tanz*, bei der Schwitters' *Anna Blume* tänzerisch interpretiert wird, 1930 zeigt die Kestner-Gesellschaft die Ausstellung *Tanz und Tanzkostüm im Wandel der Zeit*.

Yvonne Georgi ist die erste Tanzkünstlerin, die den modernen Tanz bühnenfähig macht. Ihre Vorstellungen von einer Synthese aus klassischem Ballett und freiem Tanz kann sie ab 1954 verwirklichen, als sie zum dritten Mal und diesmal endgültig nach Hannover kommt. Als hannoversche Ballettdirektorin macht sie die Stadt von 1954–70 mit einem guten Dutzend Uraufführungen zum Zentrum des Theatertanzes. Ihr ist es zu verdanken, dass Hannovers Ballett in der Nachkriegszeit internationalen Ruf genießt: Georgi wird Leiterin der Tanzabteilung an der *Hochschule für Musik und Theater*, die sie zuvor ins Leben gerufen hat. 1959 wird sie zur Professorin ernannt.

Zu den Höhepunkten dieser Jahre zählen die monumentalen Choreographien der drei *Königlichen Spiele* im **Großen Garten.** Aus Anlass des 200. Todestages von Georg Friedrich Händel choreographiert sie im August 1959 das Barockballett *Wassermusik* nach der gleichnamigen Musik von Händel: ein „Ballett für Tänzer, Feuer und Wasser" mit 120 Tänzern und Tänzerinnen aus dem Ensemble der Hochschule, des Opernhauses und weiterer Tanz-, Turn- und Reitergruppen vor dem Hintergrund der illuminierten Wasserspiele im großen Luststück. 1963 folgen die *Vier Jahreszeiten*, 1966 zum 300-jährigen Bestehen des Großen Gartens das *Spiel der Elemente* mit Harald Kreutzberg als Zeremonienmeister und etwa 300 Mitwirkenden.

Rese-Brunnen von Poelzig

Das einzigartige Zusammenspiel von Musik, Sprache, Licht, Kostüm und Tanz setzt den Großen Garten festlich in Szene, ist die Vollendung des barocken Gesamtkunstwerks. Die hannoversche Tanztradition lebt seit den 1980er Jahren weiter in den *Oster-Tanz-Tagen*, im *Choreographen-Wettbewerb* im Mai und im Tanzfestival *Tanz und Theater International* im September, einem der besten bundesweiten Festivals für experimentellen Tanz.

FILM ▸ Hannovers Kinogeschichte beginnt am 18. August 1896, als im Lokal *Zum Einhorn* in der Georgstraße 34 erstmals „Photographie in vollster Lebensthätigkeit" geboten wird. Sechs Monate später gibt es bereits drei „Theater lebender Bilder", 1907 schon beachtliche 13 „Kinematographen- oder Biophontheater", so dass Stadtdirektor Tramm 1912 über eine „Kinoseuche" stöhnt. Auch der Pionier des frühen hannoverschen Films Carl Buderus wird vom Kinofieber angesteckt. Seine 1887 gegründete Elektrofirma verkauft er 1900 und widmet sich fortan der Kinematografie, baut Vorführapparate und dreht kurze Filme, die im *Mellini-Theater* gezeigt werden. Bevor er 1908 nach Berlin geht, dreht er 1906 in Hannover den 20-minütigen Spielfilm *Der Hauptmann von Köpenick* und dokumentiert im Jahr darauf die Silberhochzeitsfeier des Fürstenpaares von Schaumburg-Lippe.

Im Haus Basse in der Georgstraße, demselben Haus, in dem Käte Steinitz ihren Salon abhält, wird 20 Jahre später hannoversche Filmgeschichte geschrieben. Hier nimmt Ende der 1920er Jahre der Bankierssprössling Wilfried Basse seine Arbeit als Dokumentarfilmer auf. Durch die **Kestner-Gesellschaft** kommt er mit damaligen Avantgarde-Filmen in Berührung: 1925 präsentiert Friedrich Vordemberge-Gildewart in den Palast-Lichtspielen die Nachtvorstellung *Der absolute Film* mit abstrakten Filmen von Richter, Ruttmann und Léger. 1927 folgen in den Kammer- und Universum-Lichtspielen *Berlin – Symphonie der Großstadt* und in den Palast-Lichtspielen *Schaffende Hände, Teil II: Bildhauer* des Berliner Kulturfilmregisseurs Hans Cürlis. Basse wird 1928 dessen Assistent, 1929 gründet er die Produktionsfirma *Basse Film GmbH* und dreht kurze Dokumentarfilme.

Begleitet vom Direktor der Kestner-Gesellschaft Hanns Krenz, dreht Basse von März bis Oktober 1932 an über 100 Orten Aufnahmen zum großen Dokumentarfilm *Deutschland zwischen Gestern und Heute*, den der Verleger August Madsack bei ihm in Auftrag gibt. Bevor der Film fertig geschnitten ist, stirbt der Auftraggeber Anfang 1933. Nach der Machtergreifung der Nationalsozialisten wird der Film verstümmelt und entstellt, erhält aber auf der 2. Biennale 1934 eine Goldmedaille. Später wirkt Basse mit am Olympia-Film von Leni Riefenstahl.

1919 werden in Hannover die *Döring-Filmwerke* gegründet, 1925 die *Deutsche Tonfilm AG*, die aber bereits 1927 nach Berlin verlegt wird. Die Döring-Filmwerke beauftragt August Madsack 1926, den Bau seines **Anzeiger-Hochhauses** zu dokumentieren. Der 8-minütige Film zeigt Architekt Fritz Höger und den Bauherrn bei der Besprechung am Modell und beim Richtfest des Hauses sowie spektakuläre Aufnahmen von halsbrecherischen Arbeiten an der Kuppel 50

Meter über dem Verkehr. Die Döring-Filmwerke drehen wenig später auch den Film *Wie eine Stadt entsteht*, der heute unter dem Titel *Das Gesicht einer Stadt – Hannover um 1930* den ältesten umfassenden Hannover-Film darstellt. Im Dezember 1928 wird im Planetarium in der Kuppel des Anzeiger-Hochhauses die *Kulturfilmbühne* eröffnet. Im Jahr darauf führt Dsiga Vertov hier seine experimentellen russischen Dokumentarfilme vor. Dsiga Vertovs Kontakt zur Kestner-Gesellschaft kommt über El Lissitzky und dessen Frau Sophie Küppers-Lissitzky zustande. Sie organisieren seine Deutschland-Tournee 1929 mit der ersten öffentlichen Aufführung von *Der Mann mit der Kamera* in Hannover.

ARCHITEKTUR ▸ Ab 1925 prägt Stadtbaurat Karl Elkart Hannover auch architektonisch nachhaltig. Aufgrund der großen Wohnungsnot liegt der Schwerpunkt der Stadtplanung auf einem Wohnungsbauprogramm. Die Wohnsiedlungen werden aber nicht als Trabantenstädte errichtet, sondern folgen den vorhandenen Ausfallstraßen und schließen auch größere Baulücken in den Vierteln Döhren, Ricklingen, Herrenhausen, Kleefeld, Vahrenwald und in der List, vor allem aber in der Südstadt. Sie ist die größte Baustelle im deutschen Reich. Elkart möchte den traditionellen hannoverschen Backsteinbau wieder beleben. 1926 macht er August Madsack auf den Hamburger Architekten Fritz Höger aufmerksam, der mit Hannovers erstem Hochhaus am Steintor ein städtebauliches Signal setzen soll. Sein Art-Deco-Palast, das **Anzeiger-Hochhaus**

Anzeiger-Hochhaus von Höger

(1926–28), bildet in Hannover aber eher die Ausnahme: Die kurz darauf entstandenen Dominanten der *Stadtbibliothek* am Aegidientorplatz (1929) und des *Capitol-Hochhauses* am Schwarzen Bären (1930) sind bereits wesentlich schlichter gehalten. Viel sachlicher ist auch das *Wohnhaus für Erich Madsack*, das Fritz Höger 1928 in der Walderseestraße errichtet: Der kubische Baukörper mit weit überstehendem Zeltdach wird durch mehrere flachgedeckte Anbauten aufgelockert und erinnert an die „Poesie der Verschachtelungen" von Frank Lloyd Wright.

Pädagogische Hochschule von Kassbaum

Die Backsteinbauten der hannoverschen „Klinkerwut" sind einfach, zweckmäßig und sachlich. Sie sind weder expressionistisch, noch gehören sie zur *Neuen Sachlichkeit*, geschweige denn zur radikalen Baugesinnung des *Bauhauses*. Neben der *Turnhalle und Mensa der Tierärztlichen Hochschule* von Karl Grabenhorst am Robert-Koch-Platz (1929/30), dem *Verwaltungsgebäude der Firma Stichweh* von Walter Wickop in Limmer (1924–28) und vier entstellten Einfamilienhäusern von Otto Haesler in Misburg (1931) wird eine prominente Bauhaus-Architektur erst Anfang der 50er Jahre errichtet: das **Wohnhaus Stichweh** von Walter Gropius in Herrenhausen (1952/53, *Abb. S. 65*). Ausnahmen bleiben auch das expressionistische Lagerhaus der *Textilfabrik Meyer* von Hans Poelzig in Vinnhorst (1921/22, *Abb. S. 68*) und das **Heinemannstift** in Bemerode, ein Spätwerk von Henry van de Velde (1930/31, *Abb. S. 70*). Ein Wohnhaus van de Veldes in der Seelhorststraße (1909–11) übersteht den 2. Weltkrieg nicht. Die ebenfalls expressionistisch anmutende *Michael-Kirche (Abb. S. 68)* in der Ellernstraße stammt dagegen aus den 1990er Jahren.

Die „staatliche", „stille Moderne" in Hannovers Südstadt versteht sich als strenge Siedlungsplanung mit einheitlicher Klinker-Architektur, in die sich Schulen und Kirchen nahtlos einfügen. Trotzdem wird auch das ausgesprochene Wohnviertel an markanten Punkten durch architektonische Dominanten wie die *St. Heinrich-Kirche* am Sallplatz und die Wohnhochhäuser am Geibel- und Stephansplatz gegliedert. Einen besonderen Akzent setzt die *Pädagogische Hochschule* (1929–35) an der Südfassade durch sechs halbzylindrische Baukörper mit den Seminarräumen, den sogenannten „Geistessilos". Über Eck offenbart sich das reizvolle Spiel von ineinander verschränkten geometrischen Körpern.

14

„GROSSSTADT IM GRÜNEN"

In die Amtszeit von Stadtbaurat Elkart fällt auch der massive Ausbau der städtischen Grünzonen und Erholungsflächen, vor allem ab 1933 entstehen einige der bedeutendsten Grünanlagen oder werden grundlegend erneuert. Dazu zählen die Instandsetzung des Georgengartens 1930–33, die Entschlammung der Graft 1934, die Wiederherstellung des Großen Gartens 1936/37 und des Berggartens bis 1939, die erneute Umgestaltung der vorderen Eilenriede 1935/36, die Anlage des Maschsees, des Strandbades und der parkartigen Verbindung zwischen Engesohder Friedhof und Döhrener Turm 1934–37 sowie die Anlage des Hermann-Löns-Parks 1936–39. Bereits 1933 wird die JADEGA, die *Jahresschau Deutscher Gartenkultur*, im **Stadthallengarten** ausgerichtet. Der Garten wird für diesen Vorläufer der Bundesgartenschauen auf die heutige Größe erweitert. Seine jetzige Gestalt erhält der Stadthallengarten – mit Ausnahme des später veränderten Fontänengartens – 1951, als hier die erste Bundesgartenschau stattfindet.

Diese Maßnahmen werden teilweise Jahrzehnte zuvor geplant und in der Weimarer Republik vorbereitet, können aber erst unter den Bedingungen der Diktatur verwirklicht werden, als Geld für Arbeitsbeschaffungsmaßnahmen zur Verfügung gestellt wird. Bereits 1914 wirbt Hannover erstmals mit dem Slogan der *Großstadt im Grünen*, nach der Wiedereröffnung des Großen Gartens 1937 mit der *Stadt der Gartenkunst*. Nach der kurzfristigen Verirrung einer *Industriestadt im Grünen* (1952) wird daraus 1956 wieder die *Großstadt im Grünen*, im neuen Jahrtausend die *Stadt der Gärten*. Tatsächlich ist Hannover die grünste Großstadt Deutschlands: fast die Hälfte des hannoverschen Stadtgebiets besteht aus Grünzonen. Die Grüntradition Hannovers reicht bis in das späte Mittelalter zurück. Schon die ältesten Münzen der Stadt zeigen das dreiblättrige Kleeblatt – eigentlich ein Marienblümchen. Die drei Blätter sollen, so wird behauptet, entweder die drei Stadttore, die drei Kirchen oder die göttliche Dreieinigkeit versinnbildlichen. Die Wahrheit ist jedoch viel einfacher: sie stehen für die drei großen Grünzonen Hannovers, die sich mit dem Stadtwald Eilenriede im Nordosten, den Herrenhäuser Gärten im Nordwesten und der Masch im Süden wie grüne Keile in die Stadtmitte erstrecken und sich hier fast berühren.

EILENRIEDE ► Die älteste hannoversche Grünanlage ist die Eilenriede. „In diesem Wald war der Triumph der Zivilisation deutlich. Hier war wildwuchernde Schöpfung so planvoll gebändigt, hier war die Natur auf so vornehme Art geordnet worden, dass der Hannoveraner mit Recht sagen konnte: Das

„Parkwelle" auf dem Messegelände

gibt es nur bei uns", charakterisiert Carl Jacob Hirsch die Eilenriede in seinem Hannover-Roman *Kaiserwetter*. Zu Recht. Die Eilenriede ist mit 650 Hektar der größte Stadtwald Europas und grenzt direkt an das Stadtzentrum. 1333 erstmals namentlich erwähnt, bildet er den Rest eines frühgeschichtlichen Waldzuges zwischen Neustadt und Hildesheim im Leine-Wietze-Urstromtal. Der Name leitet sich ab von Ellern und Riehe (Erlen und Bruch), bedeutet damit so viel wie sumpfiges Waldland oder feuchtes Waldgebiet. 1371 schenken die Herzöge Wenzeslaus und Albrecht von Sachsen der Stadt Hannover die Eilenriede als Belohnung für die Unterstützung in einem Erbfolgekrieg, verbunden mit der Pflicht, den Wald zu pflegen. Weil die Eilenriede zu feucht für eine landwirtschaftliche Nutzung ist, wird sie im Mittelalter nicht gerodet und bleibt auch im Wesentlichen erhalten, als sich die Stadt nach Nordosten erweitert und sie umklammert. Hannover wird gleichsam um die Eilenriede herumgebaut.

Ab 1681 entstehen Waldschenken in den sechs Landwehrtürmen Kirchröder Turm (1373, 1888 abgebrochen), Döhrener Turm (1382, 1937 abgebrochen), Pferdeturm und Lister Turm (1387, 1895 abgebrochen), Steuerndieb (1392) und Bischofshol (1461, 1967 abgebrochen). Von den großen Ausflugslokalen um 1900 ist nur der Neubau des Lister Turms von 1897 erhalten. Die schönen Vergnügungslokale bei Steuerndieb (1901/02) und im Tiergarten (1905) werden in den 1960er Jahren abgerissen. 1863 entsteht der Zoo. 1894–1900 wird die vordere Eilenriede als Waldpark mit Wiesenflächen, Wasserläufen und Denkmälern für den Theaterkritiker Herbert Ihering zu einem „Promenadenwald für ältere Herren und Kinderfräulein“ gestaltet. Pastor Bödeker gründet den *Norddeutschen Morgenpromenden-Beförderungsverein*, einen Verein von Männern, die sich morgens zu einem Spaziergang in der Eilenriede zusammenfinden.

Im Tiergarten

Mitte der 1920er und Mitte der 30er Jahre wird die vordere Eilenriede mit neuen Wegen, Spielplätzen und Plastiken versehen. Ab 1924 wird der Wald zum Schauplatz für das *Eilenriederennen*, einem Motorrad-Rennen, das von 1950–55 wieder aufgenommen, dann aber wegen häufiger Unfälle eingestellt wird. Ende der 30er Jahre wird der Jagdgarten des Hofes, der 1679 angelegte *Tiergarten*, durch den *Hermann-Löns-Park* mit der Eilenriede zu einem durchgehenden Grünzug vereinigt. Ein kleines Teilstück südlich des Engesohder Friedhofs stellt eine Verbindung zwischen der Eilenriede und dem gerade fertig gestellten Maschsee her. So wird der Bestand des Waldes in den 1930er Jahren kontinuierlich erweitert und durch Parkanlagen ergänzt.

HERRENHAUSEN ▸ Der zweite große Grünbereich der Stadt sind die **Herrenhäuser Gärten**, wohlgemerkt im Plural: Der *Große Garten*, die hannoversche Touristenattraktion Nr. 1, ist nur das offensichtliche Juwel von Herrenhausen. Auch der *Berggarten* ist einer der wichtigsten botanischen Gärten Europas. Und der *Wallmodengarten*, die Keimzelle des *Georgengartens*, ist einer der einflussreichsten englischen Landschaftsgärten in Norddeutschland. Die Personalunion zwischen Großbritannien und Hannover sorgt zwar dafür, dass die Stadtentwicklung 100 Jahre lang stagniert, im Gegenzug gelangt aber die englische Gartenkunst 15 Jahre vor der Anlage des Wörlitzer Parks in den Umkreis der hannöverschen und braunschweigischen Höfe. Erste englische Gestaltungselemente auf dem europäischen Kontinent verwendet man in *Schwöbber* bei Hameln und *Harbke* bei Helmstedt, gefolgt vom **Hinüberschen Garten** in Marienwerder und dem Wallmodengarten in Herrenhausen.

In der Herrenhäuser Garten-Trilogie treffen also ein grandioser Lustgarten aus dem 17. Jahrhundert, eine malerische Stimmungslandschaft aus dem 18. Jahrhundert und eine Ansammlung botanischer Raritäten aus dem 19. Jahrhundert aufeinander. Das Ensemble ist weltweit einzigartig, weil hier drei verschiedene Gartenstile unmittelbar benachbart und durch Allen und Blickachsen aufeinander bezogen sind. Das macht Herrenhausen zu einer der schönsten Gartenlandschaften Europas, deren 50 Hektar großes Herz nach wie vor der Große Garten bildet – einer der seltenen bedeutenden Barockgärten, die in ihrer Grundstruktur erhalten bleiben. „Die Schönheit des Berggartens ist inniger, die des Georgengartens lieblicher, beide erschließen sich leichter, beide öffnen sich dem Herzen eher. Die kostbare Schönheit des Großen Gartens tritt wohl auch sogleich vor Augen, aber sein Wesen enthüllt sich nicht so schnell." Eher in den stillen Stunden offenbart der Große Garten für Hans Joachim Toll seine Grundlagen – den vermessenen Wunsch, „Zeit und Zufall auszuschalten, das Veränderliche in unveränderliches Ebenmaß zu zwingen."

Der *Große Garten* ist zwar der regelmäßigste geometrische Garten Deutschlands, aber für einen Barockgarten insofern untypisch, weil ein Missverhältnis zwischen Schloss und Garten besteht, oder anders gesagt: ein Übergewicht des Gartens gegenüber dem Schloss. Weil das zentrale Schloss als bündelndes Kraftzentrum von Beginn an fehlt, kommt es nur zu einer improvisierten Repräsentationszone. Das Parterre bildet nicht den Auftakt des Gartens, sondern führt ein selbstgenügsames Eigenleben: Das Luststück wird zum Herzstück Herrenhausens, das anschließende Boskett und das Schloss sind ihm untergeordnet.

Der Große Garten bezeichnet eine Sonderlösung, die anfangs auch mit den Gartenarchitekturen der Grotte und Kaskade Anregungen der italienischen Renaissance aufnimmt. Das breit gelagerte Parterre und die begrenzende Graft, die den Garten vor den Überschwemmungen der Leine schützen soll, verweisen auf holländische Einflüsse, die in Herrenhausen schwerer wiegen als die französischen: die Achsen des Parks gliedern nicht die Landschaft, sondern werden durch die Graft gebremst, auch die auf Fernwirkung zielende Hauptachse bleibt im Garten. Wie das Schloss wächst auch der Garten nur allmählich und wird bei der Erweiterung des quadratischen Gartens zur lang gestreckten Anlage 1696–1706 rein mechanisch verdoppelt, die neue Hälfte lediglich angefügt. Ohne ausgereifte Gesamtplanung geht die Zentralaussage verloren: Parterre und Boskett stehen in keiner Beziehung zueinander, bilden zwei scharf getrennte und verschieden gestaltete Hälften: rechtwinklig geordnet das Parterre, sternförmig gestaltet das Boskett.

In dem Moment, als der Große Garten vollendet ist, ist seine kürze Blüte jäh zu Ende, er fällt in den berühmten „Dornröschenschlaf": „Es wurde still darin. Die Zeiten gingen am Großen Garten vorbei, ihre wechselnden Moden berührten ihn nicht, der abgeriegelt hinter seiner Graft lag", heißt es bei Hans Joachim Toll. Arthur Schopenhauer jedenfalls ist 1800 beeindruckt vom Großen Garten, „obgleich er noch nach altmodischer Art eingerichtet ist." Doch mehrfach ist der Große Garten in seinem Bestand bedroht: Der Gartentheoretiker Hirschfeld befürwortet seine Umwandlung in einen Landschaftsgarten und lässt 1785 im Orangenparterre nordamerikanische

Im Großen Garten

Bäume pflanzen. 1804, zur Zeit der französischen Besatzung, bewahrt Napoleons Bruder Jerôme, König des neugeschaffenen Königreichs Westfalen, den Großen Garten jedoch vor der Abholzung und der Umwandlung in eine Gestütswiese. Aber als Hofbaumeister Laves zehn Jahre später sein Amt antritt, schlägt er vor, den Großen Garten mit dem Wallmodengarten zu einer großen Anlage im englischen Stil zu vereinen. Auch seine geplante Erweiterung nach Linden ist nicht gerade zimperlich. Noch 1838 will Laves das Wallmodenpalais zur zentralen Herrenhäuser Sommeresidenz ausbauen: das bestehende Palais soll die Rückfont einer monumentalen Vierflügelanlage bilden, die sich mit ihrem gewaltigen Portikus nach Linden richtet!

Venus mit Putte

Erst nach dem Ende der Personalunion 1837 interessiert sich der Hof wieder für den Großen Garten, betrachtet ihn aber als bedeutendes Denkmal des Welfenhauses und überformt ihn nicht mehr. Der moderne englische Georgengarten wird stattdessen nebenan verwirklicht und bildet daher lediglich den Auftakt und Rahmen für die grandiose absolutistische Anlage, die glücklicherweise erhalten bleibt. In den 1840er Jahren wird der Große Garten instand gesetzt, ab 1857 nutzt König Georg V. Herrenhausen als Sommerresidenz, ab 1862 als ständige Residenz. Beim Einmarsch der Preußen vier Jahre später ist auch die zweite kurze Blüte des Große Gartens beendet: Im Laufe der nächsten 70 Jahre wird er immer weniger gepflegt und verwildert zusehends: Trauerweiden wachsen an den Wasserbecken, Azaleen, Magnolien, Rhododendren und Perückenbäume sind wild über das Gelände verteilt.

Als der Große Garten 1936 in den Besitz der Stadt Hannover gelangt, muss er deshalb aufwendig rekonstruiert werden. Der Große Garten gehört heute aber nicht zum Weltkulturerbe, weil mit Ausnahme seines geometrischen Grundgerüsts so gut wie nichts mehr original ist: „Es war nicht die Absicht, mit der Wiederherstellung des Großen Gartens ein Museumsstück zu schaffen durch historisch getreue Rekonstruktion der einzelnen Gartenteile, es galt vielmehr, dem alten Garten der Kurfürstin Sophie unter Wahrung seiner stilistischen Eigenarten neues Leben einzuflößen“, erklärt Stadtgartendirektor Hermann Wernicke 1937. Bei der „Wiederherstellung“ des Gartens geht man nicht vom individuellen Charakter des Großen Gartens, sondern vom „Ideal“ des Barockgartens aus. Die Grundstruktur und einige Ausstattungselemente werden zwar erhalten, aber innerhalb des barocken Rahmens werden zahlreiche Änderungen vorgenommen, die sich so perfekt in das geometrische Raster des Gartens einfügen, dass der Besucher sie heute kaum von den Originalen der Barockzeit unterscheiden kann.

Wernicke nutzt die Gelegenheit, „im großen Wurf den einzigen unverändert erhaltenen Barockgarten Deutschlands neu zu gestalten". Nach dieser Devise ersetzt man ehedem einfache durch aufwendige Gestaltungselemente, die dem Garten ein ganz neues Profil geben. Aus dem kombinierten Lust- und Nutzgarten der Barockzeit mit der schlichten Eleganz seiner „grünen Architektur" wird jetzt ein reiner Ziergarten, der mit zusätzlichen Attraktionen aufwartet. So werden auch Partien realisiert, die ursprünglich angedacht, aber niemals ausgeführt wurden wie der Irrgarten, der einem Plan von 1674 an der vorgesehenen Stelle nachempfunden wird. Der Garten entsteht im wahrsten Sinne des Wortes neu und ist bei der Wiedereröffnung zehn Monate später „prächtiger und reizvoller" denn je. Sein heutiges Erscheinungsbild ist damit ebenso stark durch die Ergänzungen der 1930er Jahre geprägt: Der Große Garten ist gleichzeitig ein Denkmal des Barock und der 30er Jahre.

Neben kleinen Ergänzungen werden vor allem fünf grundlegende Veränderungen vorgenommen: Die Muster des Parterres sind eine reine Erfindung: sie werden nach allgemeinen gartenarchitektonischen Vorlagen gestaltet, weil die schlichten originalen Formen nicht spektakulär genug erscheinen. Als Pendant zum Gartentheater errichtet man auf der westlichen Seite des Parterres eine mit Linden überschirmte erhöhte Aussichtsterrasse, die einen zusätzlichen seitlichen Überblick gestattet. Vier tieferliegende Fischteiche südlich des Parterres werden auf das Gartenniveau gehoben, eingefasst und mit zusätzlichen Fontänen bestückt. Die acht anschließenden Heckenquartiere gestaltet man zu kleinen Mustergärten um, die die Entwicklung der Gartenkunst vom Mittelalter

Aussichtsterasse im Großen Garten

Im Bereich der Sondergärten

bis zum Rokoko veranschaulichen. Die „schöpferische Denkmalpflege" der 30er Jahre wählt für dieses „Gartenmuseum" freizügig einzelne Versatzstücke aus der barocken Musterpalette aus, kombiniert sie mit zusätzlichen Wasserspielen und bereichert die Stilgärten durch Skulpturen, die überwiegend aus *Salzdahlum*, der Residenz der Braunschweiger Herzöge, stammen.

Ebenso radikal verändert wird die komplette zweite Gartenhälfte, wo verschiedene Laubbäume an die Stelle der ursprünglichen Obstbäume treten. Im Gegensatz dazu wird das Heckentheater, der einzige originale Bereich des Großen Gartens, nicht in seinen Ursprungszustand zurückversetzt. Im Laufe der Zeit war aus dem **Gartentheater** ein romantisches Parktheater geworden, ein regelrechtes Waldtheater mit einer mächtigen Baumkulisse, die sich über die Bühne wölbte. Dieser „Fremdkörper" im architektonischen Garten wird erst im August 1956 auf natürliche Weise entfernt, als ein Orkan die 250 Jahre alten Bäume zerstört. Im April 1957 wird die Bepflanzung der Bühne im barocken Originalzustand wiederhergestellt *(Abb. S. 16)*.

Der große Garten erlebt ganze sieben Jahre lang sein goldenes Zeitalter, bis er zum dritten Male untergeht. Das Schloss wird bis auf die Gartentreppe vollständig vernichtet, was vom Garten übrig bleibt, dient in den ersten Nachkriegsjahren als Gemüsegarten für Krankenhaus- und Gemeinschaftsküchen. Weil der Barockgarten ein Schloss als Bezugspunkt benötigt, wird seit Ende der 1940er Jahre eine Debatte um die Errichtung eines Gebäudes im Großen Garten geführt. Gestritten wird seitdem um die Form und die Nutzung des Gebäudes, vor allem um die Frage, ob das alte Schloss rekonstruiert oder ein Bauwerk in modernen Formen errichtet werden soll. Zur Rekonstruktion des Schlosses lässt sich folgendes sagen: Das „schöne, schlichte Schloss" (Friedrich Lüddecke) ist kein Lavesbau im strengen Sinne, sondern ein 1666 hierher versetztes Jagdschloss aus Fachwerk, das mehrmals erweitert wird.

Ursprünglich möchte Laves ein würdiges Schloss mit einem großen Portikus zwischen den südlichen Enden der Seitenflügel errichten, muss stattdessen jedoch den alten Fachwerkbau verkleiden. Er strafft das derbe Gutshaus zu einem eleganten Bau, dem aber weiterhin die nötige Monumentalität fehlt. Laves stört sich nicht an der stilistischen Diskrepanz zwischen Schloss und Garten, weil der strenge Barockgarten inzwischen romantisch überwuchert ist und er immer noch davon ausgeht, den Garten im zeitgemäßen Landschaftsstil überformen und seinem klassizistischen Schloss anpassen zu können.

Das ursprüngliche Bauwerk orientiert sich an den palladianischen Villen des Veneto, öffnet sich mit ausgreifenden Armen der Umgebung. Doch das später zugefügte Gitter erhöht die Distanz zwischen Schlosshof und Parterre und verspannt Grotte und Kaskade miteinander. Zu den konkurrierenden französischen und holländischen Barocktendenzen des Gartens kommt die italienische Architektur einer Renaissancevilla hinzu. Um 1690 ist zwar eine großartige Schlossanlage geplant, 1695 wird dann aber erst einmal eine Orangerie begonnen, die mitten im Rohbau zur Galerie mit einem prächtigen Festsaal ausgebaut wird und seitdem das zentrale Schloss ersetzt. Das schlichte Schloss wird nicht mehr der Galerie angeglichen oder neu gebaut wird, weil sich bereits um 1700 die sichere Anwartschaft auf die britische Krone abzeichnet und es nur eine Frage der Zeit ist, wann Sophie oder ihr Sohn den englischen Thron besteigen: Obwohl der Garten weiter ausgebaut wird, „lohnt" ein Schlossneubau nicht mehr.

Bei der „Schloss-Debatte" geht es also vielmehr darum, die Grundidee der Gesamtanlage wieder sichtbar werden zu lassen. Das fehlende Bauwerk soll das Ensemble komplettieren und die historischen räumlichen Bezüge wiederherstellen, schließlich die Erlebnismöglichkeiten für die Öffentlichkeit steigern. In den 1950er Jahren gibt es daher Planungen zu einem Schlosshotel, einer Musikhochschule und einer Kunsthalle an Stelle des Schlosses. Auch andere Nutzungen werden verworfen. Ab 1958 wird der Große Garten wiederhergestellt, bis zu seinem 300-jährigen Bestehen 1966 soll ein neues Gebäude den Garten vervollständigen. Durch die Vermittlung von Stadtbaurat Rudolf Hillebrecht wird kein geringerer als Arne Jacobsen 1963 mit dem Entwurf für ein „kulturelles Bauwerk beauftragt. 1964 entwirft er *Bella Vista*

Galeriegebäude

– eine zweistöckige Betonschale auf zwei Stützpfeilern, zwei schwebende Terrassen, die ein Restaurant und eine Aussichtstribüne aufnehmen sollen. Vom Konzept her scheint dies endlich die richtige Idee für den Abschluss des Gartens zu sein, allerdings in umgekehrter Blickrichtung, mit Blick *in* den Garten.

Die Fotomontagen, die den Entwurf maßstabsgerecht in den Garten setzen, führen zu einem Aufschrei in der Bevölkerung. Die Architekturplastik verfügt zwar über die vermisste Monumentalität, bildet aber keinen baulichen Abschluss des Großen Gartens. Auch wenn es aus architektonischer Sicht bedauerlich ist, dass Jacobsens *Bella Vista* nicht realisiert wird, so hätte sich der Solitär durch Form und Material seiner Umgebung doch schonungslos aufgezwungen. Zum Trost darf er 1965 das gläserne Foyer neben der Galerie errichten. Es ist von völlig anderer Wirkung, scheint ganz in Glas aufgelöst, vom Material befreit – Garten und Gebäude fließen ineinander.

Der 70 Hektar große *Georgengarten* entsteht ab 1835 aus dem Zusammenschluss mehrerer Privatgärten, die der Hofadel Ende des 18. Jahrhunderts längs der Herrenhäuser Allee anlegt. Der bedeutendste ist der von Johann Ludwig Graf von Wallmoden-Gimborn, einem unehelichem Sohn König Georgs II. und Gesandten Englands und Hannovers am Hof in Wien. Das öffentlich zugängliche Palais im Zentrum der Parkanlage, das heutige **Wilhelm-Busch-Museum,** enthält damals Wallmodens umfangreiche Bibliothek und seine beachtliche Kunstsammlung von über 500 Gemälden und 80 teilweise erstrangigen antiken Skulpturen, der frühesten privaten Antikensammlung auf deutschem Boden. Garten und Palais sind für jedermann öffentlich zugänglich, Wallmoden lässt eigens eine Kaffeewirtschaft für die Besucher errichten, die zu einem begehrten Ausflugsziel für die Bevölkerung avanciert. Die öffentliche Zugänglichkeit der Parkanlage ist aber ist schon damals ein Problem, weil man feststellt, dass „viele durch Hecken und Boscagen gekrochen, viele junge, zarte Pflanzen zertreten, in der Sommerzeit ganze Zweige und Aeste mit Blumen abgerissen, ohne darum zu fragen, die im Garten gesetzten Stühle und Bänke von einem Ort zum anderen getragen, auch mit Hunden den Garten durchlaufen, ja sogar einige sich unterstanden, im Canal angeln zu wollen".

Die Wallmodensche Sammlung, das Palais und der Garten verschlingen derartige Summen, dass nach dem Tode Wallmodens Bibliothek und Kunstsammlung versteigert und Schloss und Garten an die Krone verkauft werden. Der Wallmodengarten wird zur Keimzelle des Georgengartens, den Christian Schaumburg ab 1835 zur heutigen Größe ausbaut. Dabei werden die Wasserflächen zu einem großen, verzweigten See im Zentrum der Anlage ausgeweitet. Höhepunkt der heute kaum durch Bauwerke hervorgehobenen Parklandschaft ist der **Leibniztempel** auf der erhöhten Halbinsel. Erst 1935 hierher versetzt, fügt sich der Tempel nicht nur hervorragend in die Landschaft ein, sondern scheint eigens für diesen Ort geschaffen, als hätte er schon immer hier gestanden.

Als englischer Landschaftsgarten befreit sich der Georgengarten vom strengen Korsett des Barockgartens. Eine hügelige Geländemodellierung, Seen mit natürlich wirkenden Uferkanten, weite Rasenflächen (pleasureground) mit

Leibniztempel im Georgengarten

Baum- und Buschgruppen (clumbs) und eine geschwungene Wegeführung, die nach jeder Biegung überraschende „Bilder" bietet, gelten nun als Symbol der Aufklärung. Doch Vorsicht: Beim scheinbar natürlichen Landschaftsgarten handelt es sich um eine präzise kalkulierte Kunstwelt. Obwohl sie noch artifizieller ist als die des Barockgartens, nimmt man sie als natürlich hin, weil sie ihre Künstlichkeit geschickt verbirgt. Oder um mit dem großen Gartentheoretiker Hirschfeld zu sprechen: „Alles scheint Natur, so glücklich ist die Kunst versteckt." Der Georgengarten ist heute in erster Linie ein Park für die Einheimischen, für Touristen nicht spektakulär genug. Die besuchen den Park meist wegen der Ausstellungen im Wilhelm-Busch-Museum. Einen Höhepunkt des Jahres bildet das klassische Open-Air-Konzert der Chopin-Gesellschaft vor der Kulisse des Schlosses, wenn sich halb Hannover hier mit Decken und Picknickkoffern versammelt. Der Georgengarten ist heute ein Volksgarten im besten Sinne. Im Sommer kommen ganze Scharen vorrangig südländischer Mitbürger über die Dornröschenbrücke von Linden und hüllen den vorderen Bereich mit ihren Grills in Dauerdunst.

Gleichzeitig mit dem Großen Garten wird 1666 auf einem Sandrücken der herzogliche Küchengarten angelegt: Der 12,5 Hektar große *Berggarten* dient nach Anlage des Küchengartens in Linden ab 1750 dem Aufbau einer botanischen Sammlung, die zur bedeutenden wissenschaftlichen Einrichtung wird und im 19. Jahrhundert den Großen Garten als Attraktion in den Schatten stellt. Der Berggarten ist heute einer der ältesten, noch erhaltenen botanischen Gär-

Bibliothekspavillon von Laves

ten Deutschlands. Zu Zeiten von Leibniz und Sophie werden hier Versuche mit Reisanbau, Tabakkulturen und einer Seidenraupenzucht unternommen. 1686 wird das erste Gewächshaus errichtet, von 1835-52 entsteht fast jedes Jahr ein neues. Darunter sind ein großes und kleines Palmenhaus, mehrere Ananashäuser, ein Camelienhaus, ein Kakteenhaus, ein Caphaus, ein Orchideenhaus, ein Farnhaus, ein Sukkulentenhaus, ein Heidehaus, ein Pelargonienhaus und ein Haus für die *Victoria Regia*, die hier 1851 zum ersten Mal in Deutschland blüht. Weil die einstmals größte Palmensammlung Europas weiter anwächst, muss Laves' großes Palmenhaus von 1846 bereits 30 Jahre später einem gigantischen Neubau weichen. Das mit etwa 30 Metern höchste Gewächshaus Europas lässt aber die von Laves hervorragend abgestimmten Proportionen völlig außer Acht. Im Winter 1944 wird es zerstört, die große Palmensammlung erfriert. Das einstige Regenwaldhaus von 1999, der dritte Gewächshausbau an dieser Stelle, ist gerade zur tropischen Unterwasserwelt *Sealife* umgerüstet worden.

Den Hamburger Schriftsteller Hans Leip rühren ihn „die großen verlassenen Gärten tief an, nicht so sehr die Bauwerke, die bescheiden sind, aber die Gärten und ihre Ausmaße, ihre Schwingungen und ihr Licht, das weiter und silbriger ist an diesem Tage als zu Versailles und Sanssouci. Mir deucht, es fehlt ein wenig die zusammenfassende Hand, um aus den Verstreuungen dieser kostbar herrlichen Gefilde eine überwältigende Verbundenheit zu schaffen." Nun, hier irrt Herr Leip. Nicht nur der Residenzstadt Hannover, auch dem Gartenbezirk Herrenhausen verleiht Hofbaumeister Laves durch Umbauten und Ergänzungen ein neues Gesicht, nimmt dabei aber Rücksicht auf das über Jahrhunderte gewachsene Gesamtkunstwerk, dem er seine Bauwerke behutsam einfügt. Gleichzeitig ordnet er das Ensemble neu, vervollständigt es, bringt das bereits Vorhandene erst zum Klingen, indem er es in ein übergeordnetes Gesamtkonzept einfügt.

Das zeigt sich nirgends besser als beim *Bibliothekspavillon* von 1817, einem fast poetischen Übergangswerk zwischen Barock und Klassizismus. Neben der Funktion eines repräsentativen Auftakts des Berggartens steht für Laves jedoch besonders der städtebauliche Aspekt im Vordergrund. Denn Laves bezieht den Pavillon auf die bereits vorhandene Gliederung des Großen Gartens und stellt ihn in den Schnittpunkt zweier Achsen: Die seitliche Längsachse des Großen Gartens mit dem Gartentheater, der Galerie und Orangerie schneidet die Mittelachse der Herrenhäuser Allee exakt im Zentrum der Rotunde. Das Bauwerk bildet nun den Knotenpunkt, ja den gemeinsamen Mittelpunkt der drei Herrenhäuser Gärten, und zugleich ihr von weitem sichtbares Entree, das erst aus der Nähe zum vollständigen Bauwerk wird. Seine Funktion als Blickpunkt am Ende der Allee führt zu den gedehnten Proportionen des Bauwerks, dessen Eckbauten genau in der Verlängerung der beiden Doppelreihen der Allee liegen. Der lang gestreckte Bau ist somit in „schräger Projektion" auf die Breite der Allee bezogen.

Die Trennung zwischen den Aufgabengebieten des Architekten und des Ingenieurs existiert im Klassizismus noch nicht. Laves befasst sich daher auch eingehend mit der Konstruktion von Brücken. Mit dem *Laves-Balken*, dem heutigem *Fischbauch- oder Linsenträger*, vereinigt er das Prinzip der Bogenbrücke mit dem der Hängebrücke zu einer in sich geschlossenen Tragwerksform, in der sich die Druck- und Zugkräfte gegenseitig aufheben. Seine Brücken verbinden Stabilität und Ökonomie mit einer raffinierten ästhetischen Gestaltung, die aus der Konstruktion gewonnen ist. Auch die Gartenlandschaft Herrenhausen bestückt Laves mit eleganten Brücken, von denen vier erhalten sind: die konventionelle steinerne *Augustenbrücke* (1840) beim Leibniztempel, die *Eiserne Fahrbrücke* (1837) beim Obelisken, die prächtige *Friederikenbrücke* über die Graft (1839) und die grazile *Fußgängerbrücke* im Welfengarten (1844).

Fußgängerbrücke im Welfengarten

15

WASSERKUNST UND KUNSTGEWÄSSER

Die dritte Grünzone im Süden Hannovers ändert Mitte der 1930er Jahre ihr Antlitz radikal, ist heute mehr blau als grün. Fast 80 Hektar groß, nahezu 2,5 Kilometer lang, zwischen 180 und 530 Meter breit, aber nur zwei Meter tief, das sind die Maße des *Maschsees,* der wie selten ein „Bauwerk" das an Wasser arme Stadtbild bereichert hat. Von 1934–36 im Zuge eines Arbeitsbeschaffungsprogramms unter den Nationalsozialisten angelegt, ist der Maschsee nicht eigentlich ihr Produkt. Architekt Theodor Unger hat schon 1876 die Vision, die jährlich überschwemmten Maschwiesen durch einen künstlichen See zu ersetzen. Doch die lang ersehnte große Wasserfläche lässt noch 60 Jahre auf sich warten: Auch als sich die Stadt nach Süden ausdehnt, bleibt das unbebaubare Überschwemmungsgebiet ausgespart und wird weiterhin als Viehweide genutzt. Noch fast bis 1900 erstreckt sich die Masch direkt bis an den Friedrichswall, die alte Stadtbefestigung. Das große Gelände mit freiem Blick zum Deister dient im Sommer zum Spielen und Spazieren gehen und wird im Winter zum Schlittschuhlaufen künstlich geflutet.

Erst im Zusammenhang mit dem Bau des Neuen Rathauses wird im Bereich der vorderen Maschwiesen der **Maschpark** angelegt. 1898–1902 legt Gartendirektor Julius Trip einen Landschaftsgarten im gemischten Stil um einen zentralen, unregelmäßigen Teich an. Von Beginn an als Auftakt einer größeren Anlage gedacht, plant Trip 1903 eine weiterführende Landschaftsgestaltung in der Masch, eine parkartige Umwandlung in eine Flussniederungslandschaft mit seeartiger Erweiterung. Mit Gründung des *Maschsee-Vereins* 1904 bekommt die Idee einer großen, zusammenhängenden Wasserfläche wieder neuen Auftrieb. Vier Jahre später wird erstmals die Idee geboren, die Leine nicht durch den See zu führen, weil dies zu Schwankungen des Wasserstandes und zur allmählichen Verschlammung des Sees führen würde. Erstmals kommt der Vorschlag auf, den Altenbekener Damm zu verlegen, damit ein großer See entstehen kann, kurz darauf wird die geplante Umgehungsbahn nach Süden verschoben.

Auch der erste wirklich greifbare Entwurf von 1910 kann nicht realisiert werden. Die Initiativen scheitern an technischen und finanziellen Schwierigkeiten, der 1. Weltkrieg verhindert weitere Planungen. Erst zu Beginn der 30er Jahre wird der Maschsee möglich, indem er als „Nebenprodukt" der Flussregulierung von Leine und Ihme behandelt wird: Jetzt wird nicht mehr von der Anlegung des Maschsees, sondern von der „Ausgestaltung des oberen Leinetals" gesprochen. So kann der Maschsee aus Arbeitsbeschaffungsmitteln finanziert werden, die volkswirtschaftlich notwendigen Infrastrukturmaßnahmen vorbehalten sind, in diesem Fall der Beseitigung der Hochwassergefahr.

Promenade am Maschsee-Nordufer

In seiner ausgeführten Form stellt der Maschsee die einfachste und günstigste Möglichkeit der Realisierung dar: Die Konturen der Ufer folgen im Norden und Osten exakt den bisher angelegten Promenaden und im Westen dem natürlichen Lauf der Leine. Der Maschboden wird nur etwa einen Meter ausgehoben und der See wie eine Schüssel auf die Masch gesetzt. Die Kosten der Erdbewegung werden so auf ein Minimum reduziert, die Dichtung vereinfacht, weil die bestehende Decke weitgehend erhalten bleibt und die zusätzliche Dichtung mit einer 30 cm dicken Ton- und einer 10 cm dicken Kiesschicht oberhalb der Grundwasserzone im Trockenen erfolgen kann. Der See liegt damit zwei Meter höher als die Leine, der Erdaushub dient gleichzeitig zum Bau der Deiche an der Leine, die ausgebaggert und verbreitert wird. Die Tiefe des Maschsees beträgt nur zwei Meter: das für die Schifffahrt, aber auch für das ökologische Gleichgewicht des Gewässers nötige Minimum.

Nach nur zweijähriger Bauzeit wird der Maschsee am 21. Mai 1936 eingeweiht. Für Oberbürgermeister Arthur Menge ist damit der hannoversche „Dreiklang aus Wasser, Wald und Gärten" komplett. Hauptanziehungspunkt des Sees ist das große **Strandbad** an seinem Südende mit dem einst 23 Meter hohen Aussichtsturm, dem 80 Meter langen Badesteg und dem über 300 Meter langen Sandstrand. Die geplante Anlage eines Aufmarsch-, Fest- und Ausstellungsgeländes zwischen Leine und Ihme kommt dagegen nicht mehr zustande. Im Zuge der Umgestaltung deutscher Städte unter den Nationalsozialisten soll der Maschsee später noch erweitert werden, weil er im Vergleich zu dem geplanten Parteiforum an seinem Westufer proportional zu klein erscheint. Diese Maßnahme wird erfreulicherweise ebenso wenig realisiert wie zwei weitere Vorhaben: Die Erweiterung des Sees bis zum Neuen Rathaus in den 1950er Jahren und eine „Urbanisierung“ des Sees Anfang der 70er Jahre.

1971 wird bedauerlicherweise die alte Gaststätte für ein Casino abgerissen, dem zur EXPO noch ein Hotel übergestülpt wird. Ansonsten sind die geradlinigen Ufer im Norden und Osten zwar befestigt und urban geprägt, aber so gut wie nicht direkt bebaut, seine Uferbereiche sind tabu. Deshalb umgeben auch keine Privatvillen, sondern fast ausschließlich Kultur- und Freizeitanlagen den Maschsee. Die breite Promenade am Nordufer, vor allem jedoch das Ostufer mit seinen Alleen und den Bastionen an der Geibelstraße, am Altenbekener Damm und der Löwenbastion ist *die* Flaniermeile der Hannoveraner. Hier an dem großen Gewässer kann man die schönsten Sonnenuntergänge erleben, kommt geradezu mediterrane Atmosphäre auf. Wo haben die Hannoveraner bloß ihre Sommer verbracht, als sich hier noch nicht die untergehende Sonne spiegelte?

Blick vom Strandbad zum Neuen Rathaus

Lange bevor der Maschsee existiert, hilft sich Hannover mit Brunnen – dem *Piepenborn* (1551), dem *Aktäonbrunnen* (1619) am Marktplatz und dem *Parnassbrunnen* (1671) auf dem Neustädter Markt, dem Platz mit der bewegtesten Brunnengeschichte Hannovers: Auf den Parnassbrunnen folgt 1802 ein neogotischer, bereits 1829 der klassizistische Brunnen, der heute vor dem Portikus des Leineschlosses plätschert, 1916 der *Duvebrunnen* und 1973 der heutige *Bierbrunnen* von Max Sauk. Die Wasserspiele der *Herrenhäuser Grotte* haben sich nicht erhalten, aber die 1676 zeitgleich entstandene *Kaskade* verfügt über die ältesten Wasserspiele, die heute noch in Betrieb sind.

Das spielerische Element des Wassers wird im Barock besonders wichtig, um das aus dem geometrischen Garten ausgeschlossene Leben zu ersetzen. Das Rauschen und Rieseln, Sprudeln und Sprühen der „Wasserkünste“ sorgt in den verschiedenen Teilbereichen des Großen Gartens für ganz unterschiedliche Stimmungen. Bei der Generalüberholung des **Großen Gartens** 1936/37 werden zusätzliche Wasserspiele in den Schwanenteichen und Sondergärten installiert. Seitdem können alle Fontänen nachts von unten elektrisch beleuchtet werden. Bei den *Illuminationen* erwacht der Große Garten dann zu einem magischen Eigenleben. Besonders die Wasserschleier der Kaskade leben von der subtilen, indirekten

Beleuchtung in den Brunnenbecken – unter der Wasseroberfläche, die das herabfallende Wasser in Bewegung versetzt. Die Lichtreflexe flackern dann an der Wand empor wie grünliches Feuer und erwecken das Bauwerk zum Leben.

Als Höhepunkt der Wasserspiele ist die große Fontäne gedacht: Das Wasser soll bergan fließen, ein silbernes Ausrufezeichen setzen. Weil das Gelände aber viel zu flach für den benötigten Wasserdruck ist, verschlingen die Anlagen und Konstruktionen für die große Fontäne unverhältnismäßig hohe Kosten. 1696 schreibt Leibniz seine *Gedanken über die Herrenhäuser Werke*, ein Gutachten über die Verbesserung der Wasserkunst, um Kaskade, „Girandole" und andere Wasserspiele „so gut als zu Tivoli oder Frescati" zu schaffen, „ja Dinge, so sie zu Versailles selbst nicht haben" und konstruiert für die große Fontäne ein neues Pumpwerk. Als das Wahrzeichen von Herrenhausen 1720 erstmals 36 Meter hoch springt, sind Leibniz und die Kurfürstin Sophie bereits seit Jahren tot. Mitte des 19. Jahrhunderts erreicht die Fontäne eine Höhe von 67 Metern, seit den 1950er Jahren bis zu 82 Metern. Selten wird sie jedoch voll aufgedreht.

Hannover überrascht heute durch die Vielfalt und Vielzahl seiner Brunnen: an die 200 sind über die Stadt verteilt. Mit Ausnahme des Kröpckes und des Aegidientorplatzes steht an fast jeder Kreuzung und an jedem Platz der Innenstadt ein Brunnen. Einer der schönsten ist zweifellos der 1929 eingeweihte *Rese-Brunnen* am Emmichplatz, eine Phantasie-Pflanze in grüner Majolika, entworfen von Hans und Martha Poelzig, gestiftet vom Goslarer Kaufmann Hermann Rese *(Abb. S. 72)*.

Lüdersbrunnen auf der Lister Meile

Mitte der 1950er Jahre beleben die figurativen Brunnen von Kurt Lehmann das Stadtbild – die *Kindergruppe* in der Grupenstraße, das *Kind im Regen* im Rosmarinhof oder der *Rübezahlbrunnen* in Mittelfeld. Im Sog des *Experiments Straßenkunst* entstehen Mitte der 70er Jahre zahlreiche Brunnen in der Innenstadt, die intelligent mit dem Element des Wassers spielen, wie der *Lüdersbrunnen* auf der Lister Meile (1973/74) und ein zweiter Brunnen von Joachim Wolff am Raschplatz (1977), wo das Wasser in einem bachähnlichem Verlauf von Becken zu Becken geführt wird. Der *Blätterbrunnen* von Emil Cimiotti (1976) in der Ständehausstraße ist so beliebt, dass zwei formale Varianten entstehen. Einer der fantasievollsten hannoverschen Brunnen steht etwas versteckt im Innenhof des Godehardi-Stiftes in der Lindener Posthornstraße: ein Brunnen mit surrealen Phantasiewesen à la Max Ernst von Hanns-Joachim Klug (1977).

Brunnen im Godehardi-Stift

Seit 2003 plätschern auch wieder Wasserspiele in der kriegszerstörten **Herrenhäuser Grotte**: Dort sorgen jetzt zwei tanzende Figuren von Niki de Saint Phalle für Erfrischung – eine Nana im Spiegelraum, ein Elefant im blauen Raum. Spiralförmige Bänder aus Glas- und Spiegelscherben empfangen den Besucher im mittigen Entree. Wie ein Galaxienebel schraubt sich der Farbstrudel um die zentrale Säule empor. Ein völlig anderes Bild bietet die „blaue Grotte" – eine geradezu sakrale Stätte: durchsetzt mit kosmischen Symbolen, atmosphärisch wie in einem Traum, tief und ungreifbar. Die figurativen Reliefs sind eine Hommage an die Tanzenden von Henri Matisse. Hier aber tanzen die Figurinen nicht, sie schweben durchs All, greifen nach den Sternen, folgen den Bahnen der Kometen. Die Kosmonauten der Kunst entwischen in den Nachthimmel – wie auf barocken Deckengemälden. In Teile gespalten, zerfasert trudeln einzelne Gliedmaßen durch den Welt-Raum.

Schließlich das silbern schillernde Spiegelkabinett. Der Kostrast zum blauen Raum könnte nicht größer sein: Die Reflexe der Spiegelscherben ergießen ein glitzerndes Farbenmeer über den Betrachter. Eine paradoxe, lichtdurchflutete Grotte. Die Begrenzung des Raumes löst sich auf. Das Spiegelmosaik zerlegt die Figuren prismatisch – wie in einem Kaleidoskop: Verwirrende Fragmente stürzen auf den Betrachter ein. In diesem Panoptikum haben auch Todessymbole ihren Platz. Aber die zerstückelten Schlangen und goldenen Gerippe verlieren hier ihren Schrecken. Die einst skandalträchtigen Figuren der Niki de Saint Phalle sind gesellschaftsfähig geworden, gleichsam domestiziert, und beleben das historische Bauwerk durch ihre etwas andere „Garten-Kunst".

16

NABEL DER WELT – 10 TAGE IM JAHR

Nach dem 2. Weltkrieg wird Hannover noch gravierender verändert als zur Zeit der Industrialisierung. Ihren rasanten und großzügigen Wiederaufbau verdankt Hannover der Messe und löst damit den traditionellen deutschen Messestandort Leipzig ab. Genau 123 Jahre währt die hannoversch-britische Personalunion, exakt 123 Tage benötigen beide Seiten, um von April bis August 1947 die erste deutsche *Export-Messe* regelrecht aus dem Boden zu stampfen. Sie entsteht als Instrument alliierter Politik auf dem Gelände der *Vereinigten Leichtmetallwerke* in Laatzen, deren Hallen den Krieg weitgehend überlebt hatten. Die anfangs kritisierte abseitige Lage ermöglicht später erst den großzügigen Ausbau zur „Messe der Messen": Bis 1949 verdreifacht sich die Zahl der Aussteller, acht neue Hallen werden gebaut. Die *Exportmesse* wird in eine *Mustermesse* und eine *Technische Messe* geteilt, heißt ab 1950 *Deutsche Industrie-Messe,* seit 1962 *Hannover-Messe.* Ab 1954 wieder vereinigt, muss die Messe 1986 nochmals in die *Industriemesse* und die *CeBit* geteilt werden, die als größte IT-Messe der Welt 2001 ihren Höhepunkt erreicht.

Für zehn Tage im Jahr wird Hannover zur Kapitale des Handels, „zur technischen Metropole des Westens. Das Gesicht der Stadt erinnert jetzt ein wenig an dasjenige einer Frau, die sich überstark schminkt: Die natürlichen Züge sind überdeckt, die Physiognomie wirkt hart, grell, verfremdet. Man trägt [...] Urbanität, man gefällt sich in Weltläufigkeit. [...] die Preise klettern, die Lokale sind überfüllt, durch die Straßen schiebt sich ein träger, niemals abreißender Strom von Automobilen", beschreibt der Theologe und Autor Hans Jürgen Baden die kurze jährliche Verwandlung der Stadt: Hannover verdankt der Messe zwar ihren schnellen Wiederaufbau, dafür bezahlt der Einwohner aber „jährlich eine gute Woche mit [...] der vorübergehenden Leugnung seines Wesens [...] und freut sich, wenn die hektische Dekade überstanden ist, wenn der Verkehr sich entzerrt, das Leben sich normalisiert, das ursprüngliche und vertraute Gesicht der Stadt wieder zum Vorschein kommt."

Die Messe sorgt nicht nur für einen raschen Wiederaufbau, sondern auch für eine schnelle Rückkehr zur „Normalität" inmitten der Trümmerwüste. Zur ersten Exportmesse 1947 wird an der Stelle des kriegszerstörten *Café Kröpcke* ein Zeltbau errichtet, im Jahr darauf der elegante Metallbau des neuen Café Kröpcke eröffnet. Hier gibt es kalte und warme Küche nebst Konditorei, es spielt das *Nordwestdeutsche Unterhaltungsorchester.* Der Eintritt ist mit 2 Reichsmark allerdings kaum erschwinglich und nach 18 Uhr nur mit Vorlage des Messeausweises erlaubt. Pünktlich zur Messe öffnet der legendäre *Alu-Palast* am Aegidientorplatz

– ein provisorisches, transportables Theater für 1300 Personen, von den *Vereinigten Leichtmetallwerken* in Linden hergestellt und von 400 Arbeitern in nur zehn Tagen errichtet. Das mit 48 x 32 Metern „größte transportable Varieté-Theater Deutschlands" geht 1949 nach Hamburg und wird 1951 verschrottet, 1953 wird an seiner Stelle das *Theater am Aegi* errichtet. In den zwei hannoverschen Jahren werden hier 22 Programme der leichten Muse gegeben. Den Anfang macht der *Liebesexpress* mit Willy Fritsch in der Hauptrolle, es folgen die Tiller-Girls und Peter Frankenfeld. Direktor ist der Artist Alex Heinrich Guidos, der schon im Juli 1945 Varieté-Vorstellungen im Capitol organisiert.

Holzdach auf dem Messegelände

Bereits im September 1946 beklagt die *Hannoversche Presse* ein planloses Überangebot an kulturellen Veranstaltungen. In den nächsten Jahren wird es eher schlimmer: Lale Andersen gastiert im Gloria, Rudi Schuricke gibt seine *Capri-Fischer* zum Besten, Tilla Durieux tritt in der Landesbühne auf, Harald Kreutzberg gibt eine Tanzmatinee, Ortega Y Gasset liest im Beethovensaal, Wilhelm Furtwängler dirigiert die Wiener Philharmoniker in der Niedersachsenhalle, Duke Ellington, Louis Armstrong und Benny Goodman swingen im Kuppelsaal. Aus dem 1941 gegründeten *Deutschen Swing-Club* wird nach dem Krieg der *Deutsche Hot Club*. Im Fürstenzimmer des Hauptbahnhofs steigt 1947 das erste Jazz-Konzert im Nachkriegsdeutschland, Mitveranstalter ist *Spiegel*-Verleger Rudolf Augstein. Es folgen Jazz-Konzerte im Haus der Jugend, im *Tabu* in der Luisenstraße, im *Honky Tonk* und in der *Gondel* im wieder eröffneten Konzerthaus *GOP*, das von 1947–62 als extravagantes Vergnügungslokal betrieben wird. 1951 gibt es hier die ersten Modeschauen. Josephine Baker, Zarah Leander, Heinz Erhardt, Gert Fröbe und Paul Hörbiger treten hier auf.

1951 findet die erste Bauausstellung *Constructa* statt, die Kestner-Gesellschaft zeigt eine Ausstellung über die Architekten Gropius und Mies van der Rohe. Der Gropius-Schüler und hannoversche Stadtbaurat Rudolf Hillebrecht vermittelt seinem Lehrer daraufhin den Auftrag für die Villa des Färbereibesitzers **Stichweh** in Herrenhausen. Zeitgleich zur *Constructa* wird 1951 auch die erste deutsche Bundesgartenschau im **Stadthallengarten** ausgerichtet: 1,5 Millionen Besucher lassen sich durch Volkstanzgruppen, Blumenbälle, Lichterfeste und den großen Blumenkorso, der bis 1957 wiederholt werden muss, von der Hannoverschen Trümmerwüste ablenken. „Hannover versteht sich auf das Frohe und Leichtbeschwingte", urteilen auswärtige Zeitungen. 1952 eröffnen das Messehotel *Luisenhof* und der hannoversche Verkehrsflughafen, der Messeschnellweg ist zum größten Teil fertiggestellt. Der Verwaltungsbau der

Kalichemie (heute *Solvay*) wird 1951, der der *Preussag* (heute Ministerium für Wissenschaft und Kultur) 1952 eingeweiht. Im gleichen Jahr öffnet das elegant geschwungene Kaufhaus *Magis* (heute *H&M*) mit der ersten Rolltreppe in Niedersachsen. 1953 wird der Verwaltungsbau der *Continental* (heute Universität) errichtet, mit 60 Metern der höchste Neubau der Bundesrepublik. 1954 wird das Niedersachsenstadion für 80.000 Zuschauer eingeweiht, 1956 das VW-Werk in Betrieb genommen.

Bereits 1947 gründet Rudolf Augstein in Hannover den *Spiegel*, 1948 Henri Nannen den *Stern*. Im Dezember 1950 wird das **Opernhaus** nach nur zehn Monaten Bauzeit wiedereröffnet – als erstes in Deutschland. Die Festrede hält Carl Zuckmayer. Beim raschen Wiederaufbau entstehen allerdings akustische Mängel, die erst bei einer Renovierung 1985 beseitigt werden. Möglich wird die schnelle Errichtung durch eine Tombola, für die die Einwohner fleißig spenden. Auf dem Bauschild steht deshalb: „Bauherr: Die Einwohner der Stadt – vertreten durch den Rat der Hauptstadt Hannover“. Die erste deutsche Opernaufführung nach dem Krieg findet bereits am 11. Juli 1945 (!) in der Herrenhäuser Galerie statt; man gibt den *Bajazzo* von Ruggiero Leoncavallo und die *Cavalleria rusticana* von Pietro Mascagni. Schon in den 40er Jahren verlagert sich die Kultur nach **Herrenhausen**, als die Galerie nach dem Brand des Opernhauses 1943 als Ersatzbühne hergerichtet wird. Nach dem Krieg wird zunächst Herrenhausen zum kulturellen Zentrum Hannovers, weil die meisten Kulturstätten, darunter alle Theater, zerstört sind. Zum wiederholten Male bildet der Große Garten eine Sonderzone am Rande der Stadt, eine eigene Welt jenseits der Trümmerwüste – mit Ausstellungen in der Orangerie und Musik und Theater in der Galerie.

Am 31. August 1945 gibt Tenor Rudolf Schock im **Gartentheater** einen „Bunten Abend“, im September startet er in der Galerie seine Nachkriegskarriere mit *Madame Butterfly*. Die Galeriejahre gehören mit ihrer simplen Ausstattung und dem Zwang zur Improvisation zu den entdeckerfreudigsten der hannoverschen Oper. „Der Programmzettel dieser Zeit, ein DIN-A5-Blatt, enthält nur die Besetzungsliste, einen Kurzinhalt in englisch, die Aufforderung, die britische Königshymne stillstehend anzuhören, und die Verbote zu rauchen, während der Vorstellung das Theater zu verlassen und vor Schluß zu applaudieren“, erinnert sich Reimar Hollmann. Am 15. September 1945 wird dort als erstes Theaterstück Hofmannsthals *Jedermann* aufgeführt, ab November auch der Ballhof für Theateraufführungen genutzt. Hier etabliert Kurt Ehrhardt den „Ballhof-Stil“, der mit knapper Ausstattung und Verzicht auf Effekte das Wesentliche eines Stückes herausarbeitet.

Bereits am 1. Juli 1945 werden die Veranstaltungen in der Galerie mit einem Sinfonie-Konzert eröffnet. Aus diesen Konzerten, Opern und Theateraufführungen der Nachkriegszeit entwickeln sich 1953 die Festwochen *Musik in Herrenhausen*, ab 1956 unter dem Namen *Musik und Theater in Herrenhausen*. In diesen Herrenhäuser „Festspielen“ besinnt man sich auf hannoversche Traditionen, spielt Händel und Molière. Den Höhepunkt bildet mit 150 Veranstaltungen die 300-Jahr-Feier des Großen Gartens 1966. Seit 1954 nutzt die

Landesbühne das Gartentheater als Spielstätte. 1962 spielt hier Gustav Fröhlich in Kleists *Prinz Friedrich von Homburg*, 1969 Hans Clarin im *Spiel von Liebe und Zufall* von Marivaux und 1970/71 Theo Lingen in Shakespeares *Was ihr wollt*.

Am 1. April 1946 gründet der Schauspieler und Regisseur Jürgen von Alten auf dem Edelhof Ricklingen eine Schauspielschule, die 1950 mit der *Landesmusikschule* zur *Akademie für Musik und Theater*, der späteren *Musikhochschule für Musik und Theater*, vereinigt wird. Im August des Jahres eröffnet er die *Junge Bühne* im Keller des zerstörten Mellini-Theaters. Auch andere kleinere Theater der ersten Nachkriegsjahre müssen mit improvisierten Spielstätten Vorlieb nehmen, die meisten von ihnen überleben die ersten Jahre nicht. Nur aus der *Brücke* wird später das *Theater im Künstlerhaus*, aus dem *Kleinen Theater* in der Schillerstraße das *Neue Theater* in der Georgstraße. Auch der *Spiegel*-Verleger Rudolf Augstein versucht sich als Dramatiker. Sein „szenisches Gleichnis" *Die Zeit ist nahe* wird im November 1947 auf einer behelfsmäßigen Spielstätte der Landesbühne nur dreimal aufgeführt – Kulturressortleiter Hans Joachim Toll verreißt das Stück im eigenen Blatt: „Alles Vergängliche ist nur ein Gleichnis. Und das szenische Gleichnis macht einen sehr vergänglichen Eindruck." Die Figuren erinnern an „personifizierte Zeitungsartikel" und verkünden mit „Mimik von ermattender Monotonie" zumeist „Woolworth-Wahrheiten. Sie bedienen sich dabei eines gern in Brokat schreitenden Schreibedeutsches von angestrengter Gehobenheit". Kurz: „Das Unzulängliche, hier wird's Ereignis". Das Publikum saß „etwas ratlos da. Es dauerte etwas, bis man sich dem traditionellen Genuß des Beifallspendens einigermaßen hingab".

Weil die Galerie, der Ballhof und andere kleinere Spielorte vorerst ausreichen, ziehen sich die Neubauplanungen für ein Theater bis in die 1990er Jahre (!) hin. Als mögliche Standorte kommen in den 50er Jahren der Georgsplatz (heute „Altbau" der *NORD/LB*), der Raschplatz (heute Pavillon), der Emmichplatz (heute Musikhochschule), der Friederikenplatz (heute temporäre Zirkuszelte) und der Friedrichswall gegenüber dem Neuen Rathaus (heute *Maritim*-Grandhotel) in Betracht. Die Entscheidung fällt 1958 für den Raschplatz, um die Oststadt an die Stadt anzubinden und aufzuwerten. Wenige Tage vor der Grundsteinlegung 1966 wird ein Baustopp verfügt. Ein zweiter Anlauf 1969 wird im Jahr darauf für weitere fünf Jahre verschoben. Inzwischen werden die Raschplatz-Hochstraße und das *Bredero*-Hochhaus gebaut. *DEFEKA* (später *Horten*, heute *Galeria Kaufhof*) errichtet dort für die Zeit ihres Neubaus in der Innenstadt einen Ausweichpavillon, der seit 1977 als Kulturzentrum Pavillon dient. Es dauert weitere 20 Jahre, bevor das Schauspielhaus schließlich in der Prinzenstraße errichtet wird.

Galerie im Großen Garten

17

STADT DER PREMIEREN

Ganz anders dagegen im Bereich des Kinos: Hannover entwickelt sich in den 1950er Jahren zur Kino-Metropole und zur Stadt der Uraufführungen. Weil ein Großteil der Nachkriegsfilme in den Studios der Göttinger *Film-Aufbau GmbH* gedreht und mit Mitteln niedersächsischer Filmförderung produziert wird, sind diese Filme in der benachbarten Landeshauptstadt zuerst zu sehen. Als sich die Kino-Begeisterung der Hannoveraner herumspricht, lassen auch andere Studios ihre Filme in Hannover anlaufen. Schon vor dem Krieg hat Hannover mit 32 Lichtspielhäusern die größte Kino-Dichte Deutschlands. Davon überleben ganze neun den Krieg. Bereits im Oktober 1945 eröffnet Robert Billerbeck den *Gloria-Palast* wieder mit Helmut Käutners *Große Freiheit Nr. 7*, einer Kriegsproduktion mit Hans Albers aus dem Jahre 1944. Im August 1946 findet hier mit *Brief Encounter* (Begegnung) die erste deutsche Uraufführung eines englischen Films statt. Billerbeck ist aktiv beteiligt am Nachkriegsaufbau der Kino-Szene und prägt die Kino-Kultur der Stadt. Ihm gehören zeitweise 17 Lichtspielhäuser, neben dem *Gloria-Palast* auch die 1949 wiedereröffneten *Weltspiele* und die *Hochhaus-Lichtspiele* im ehemaligen Planetarium unter der Kuppel des Anzeiger-Hochhauses.

1948 werden die ersten Uraufführungen gezeigt, vor allem im *Gloria-Palast* in der Hildesheimer Straße und im *Palast-Theater* in der Bahnhofstraße. Letzteres wird am 21. Februar 1948 mit *Film ohne Titel* wiedereröffnet, dem Regiedebüt des Hannoveraners Rudolf Jugert. Als ehemaliger Regie-Assistent von Käutner dreht er selbst über 30 Filme, darunter *Hallo Fräulein* (1949), *Es kommt ein Tag* (1950) oder *Gefangene der Liebe* (1954). Am 9. April folgt *Wege im Zwielicht*, den Gustav Fröhlich im Oktober 1947 zum Teil im hannoverschen Hauptbahnhof gedreht hatte. Der hannoversche Schauspieler wird 1926 mit der Titelrolle in Fritz Langs *Metropolis* berühmt. Im März 1949 wird das größte und repräsentativste Kino *Weltspiele* in der Georgstraße wiedereröffnet, in den nächsten Jahren folgen elf Filmpremieren. Zur Uraufführung von Jugerts *Es kommt ein Tag* am 17. Oktober 1950 erscheinen die Hauptdarsteller Dieter Borsche und Maria Schell, zu *Blaubart* am 30. Januar 1952 kommt Hans Albers, zu *Des Teufels General* am 23. Februar 1955 Curd Jürgens und zu *Ein Herz voll Musik* im August des Jahres Vico Torriani. Im UFA-Erstaufführungskino im *Theater am Aegi* werden sogar 18 Filme uraufgeführt, darunter *Canaris* am 30. Dezember 1954. Am 21. Mai 1960 lässt sich hier auch die Dietrich blicken. Von 1950–57 werden in Hannover insgesamt über 100 Filme uraufgeführt. Allein 1955, auf dem Höhepunkt der Entwicklung, feiern hier 19 Filme Premiere.

Gibt es 1950 mit 31 Kinos fast wieder so viele Lichtspielhäuser wie vor dem Krieg, so erreicht die Zahl der Kinos 1958 mit 52 (!) ihren Höhepunkt: zehn Jahre später sind es nicht einmal mehr die Hälfte. Von den großen Kinopalästen der 50er Jahre hat kein einziger überlebt. Der *Gloria-Palast* muss 1980 dem *Maritim*-Stadthotel weichen, das *Capitol* dient heute als Veranstaltungsraum für Konzerte. Manche kleinere Kinos fristen heute ihr Leben als Lager auf Hinterhöfen, wie das *Universum* an der Lister Meile oder das *Esplanade* in der Geibelstraße, die meisten Kinos werden bereits Anfang der 70er Jahre zu Supermärkten umfunktioniert. 1973 rettet Hans-Joachim Flebbe das *Apollo* in Linden vor dem Umbau in einen Supermarkt – der 1908 zum Kino umgebaute Tanzsaal ist heute eines der ältesten Kinos in Deutschland. Damit beginnt die Karriere von Hannovers „Kino-König", der 1977 die *Raschplatzkinos* gründet, 1982 die *Hochhaus-Lichtspiele* übernimmt und 1991 mit dem *CinemaxX* in der Nikolaistraße das erste Multiplex-Kinocenter Deutschlands eröffnet.

Die Multiplexe sollen eine neue Ära des Kinos einläuten und an den alten Glanz der 20er und 50er Jahre anknüpfen. Nach wenigen Jahren ist der Boom vorbei, aber die alte Kinokultur ist mit den zerstörten Filmpalästen unwiederbringlich dahin: Bereits ein Jahr nach Eröffnung des CinemaxX werden die traditionsreichen *Weltspiele* abgerissen, 1993 schließt das *Kino am Kröpcke*, zehn Jahre später mit dem *Palast-Filmtheater* das letzte der großen Traditionskinos. Heute sind es die kleinen, alternativen Kinos, die sich um die Filmkunst bemühen, allen voran das 1988 gegründete **Kino im Sprengel** in der Schaufelder Straße. Bereits 1974 wird im Freizeitheim Lister Turm das *Kommunale Kino* eröffnet, zieht 1979 ins *Colosseum* am Raschplatz und 1982 ins *Künstlerhaus*, wo es sich noch heute befindet. Der Lister Turm ist auch der erste Veranstaltungsort des *Schülerfilmfestivals*, das unter dem neuen Namen *UP-and-Coming* seit 1991 im Pavillon, seit 1997 in der Kestner-Gesellschaft und seit 2005 im CinemaxX ausgerichtet wird.

18

HANNOVER IST GROSSSPURIG

Ende der 1950er Jahre wird Hannover zum Wallfahrtsort von Architekten, Verkehrsingenieuren und ganzen Delegationen in- und ausländischer Städtebauer, die das „Wunder von Hannover“ in Augenschein nehmen wollen. Der *Spiegel* spricht im Juni 1959 vom „modernsten Aufbau aller deutschen Städte“, vom „Vorbild für Städtebauer“, preist die fortschrittliche Stadtplanung und die zukunftsweisenden Verkehrskonzepte. Auch das Magazin *Merian* trägt dem Wiederaufbau von Hannover Rechnung und widmet der „Musterstadt der jungen Republik“ nach 1950 bereits 1963 ein neues Heft. Was macht den Wiederaufbau von Hannover so einzigartig?

Die gesamte Stadt ist zu mehr als 60 Prozent zerstört, das Zentrum sogar zu 85 Prozent, drei Viertel der Schulen, zwei Drittel der Kirchen und Kinos und sämtliche Theater liegen in Trümmern, nur jede zwanzigste Wohnung ist nicht beschädigt. Die hannoversche Innenstadt ist so nachhaltig zerstört, dass ernsthaft vorgeschlagen wird, einen radikalen Neubeginn zu wagen und Hannover an anderer Stelle neu zu errichten: am Deister, unterirdisch, zum Schutz vor künftigen Luftangriffen. Letztendlich errichtet man die Stadt – bis auf eine Handvoll Baudenkmäler – an der alten Stelle komplett neu. Ähnlich radikal ist die Idee von Stadtbaurat Rudolf Hillebrecht, Hannover als autogerechte Stadt wieder aufzubauen: Angesichts nahezu autoleerer Trümmerstraßen sieht Hillebrecht bereits eine Verkehrsdichte voraus, die andere Stadtplaner sich nicht träumen lassen – damals teilen sich 63 Einwohner ein Auto.

Niemand außer Laves hat das Gesicht Hannovers so geprägt wie Rudolf Hillebrecht. Die umfangreichen Zerstörungen des Krieges sieht er als Chance für einen Neubeginn – als einzigartige Möglichkeit, städtebauliche Mängel zu beseitigen und das Verkehrsnetz durch weit reichende Eingriffe neu zu gestalten. Deshalb wird erst einmal noch mehr zerstört. Kritiker sprechen beim hannoverschen Wiederaufbau daher gern von der zweiten Zerstörung Hannovers. Prominentestes Opfer von Hillebrechts Abrisspolitik ist noch 1963 (!) die voll funktionsfähige, aber nicht mehr notwendige Flusswasserkunst, die den Blick auf den neuen Landtag im Leineschloss verstellt. Auch das Friederikenschlösschen schräg gegenüber muss noch 1966 für eine niedersächsische Staatskanzlei weichen, die nie gebaut wird. In der Nachkriegszeit fehlt ganz allgemein das Bewusstsein gegenüber der als „verlogen“ bezeichneten Architektur der Gründerzeit. Hillebrecht spricht vom „Stilplunder“, vom „peinlichem Eklektizismus kulturell schwacher Jahrzehnte“. Nur einzelne Baudenkmale wie die Kirchen der Altstadt, das Alte Rathaus und das Opernhaus hat Hillebrecht respektiert und rekonstruiert, das Leineschloss baut er zum politischen Zentrum mit einem Kranz umgebender Ministerien aus.

Bunker und Wasserturm in Misburg

Hannovers Hauptstadtfunktion des neuen Bundeslandes Niedersachsen begünstigt den schnellen Wiederaufbau, eigentlicher Motor aber ist die Messe. Die Entwicklung von Stadt und Messe ist von Beginn an auf das Engste miteinander verbunden, der Messeverkehr beeinflusst Hannovers Ausbau zur autogerechten Stadt zusätzlich. Hillebrecht versteht es, den Aufbauwillen nach der Währungsreform 1948 zu bündeln und in gewünschte Bahnen zu lenken: Er ändert und beschleunigt die langfristig angelegte Aufbauplanung, organisiert die Bauverwaltung neu und installiert neue Planungselemente wie die *Aufbaugemeinschaft* als Zusammenschluss von Vertreten aus Politik, Verwaltung und der Bürgerschaft. Das Niedersächsische Aufbaugesetz vom Mai 1949 verhängt eine zweijährige Bausperre, die der Bauverwaltung das „Monopol" über Baugenehmigungen sichert und ihr Zeit gibt, in Ruhe ein Konzept zum strukturierten Wiederaufbau zu entwickeln.

Der „Strukturplan" der Stadt sieht eine großzügige Neuordnung von städtischen Funktionen vor. Kleine Grundstücke werden zusammengelegt, Verkehrsflächen erweitert. Auch die verwinkelte Altstadt wird aufgesprengt, die mittelalterlichen Straßen und gründerzeitlichen Wohnblocks werden den Erfordernissen der Zeit angepasst. Die benötigten Straßenverbreiterungen sind aber nur auf Kosten von Privatgrundstücken möglich. Aus heutiger Sicht scheint es unglaublich, wie ein einzelner Mann Tausende von Grundstückseigentümern von der Neuordnung ganzer Häuserblöcke und der Notwendigkeit privater Opfer zugunsten der Infrastruktur überzeugen kann. Hillebrecht bekommt es hin: So stellen private Eigentümer schließlich neun Hektar, also 15 Prozent der Gesamtfläche der Innenstadt kostenlos als Verkehrsfläche zur Verfügung!

Mit dem Viertel um die Kreuzkirche beginnt 1950 der Wiederaufbau: Die kleinteilige Parzellenstruktur des Viertels wird völlig neu geordnet und auf dem Areal in Zeilenbauweise eine Mustersiedlung zur Bauausstellung *Constructa* 1951 errichtet. Noch heute ist die durch hohe Randbebauung vom Verkehr abgeschirmte Oase eine beliebte Wohngegend im Herzen der Stadt. Zwei weitere Modellsiedlungen mit großen Freiflächen und durchgrünter Bebauung entstehen zeitgleich an der Hildesheimer Straße und in der Nähe des Messegeländes. Bis 1960 werden in Hannover 100.000 Wohnungen gebaut. Bereits 1954 sind die 6,5 Millionen Kubikmeter Trümmerschutt vollständig aus dem Stadtbild verschwunden. Man schüttet damit das Gelände des Zoos auf, verfüllt den zweiten Leinearm unter dem Leibnizufer und errichtet auf einem Drittel des

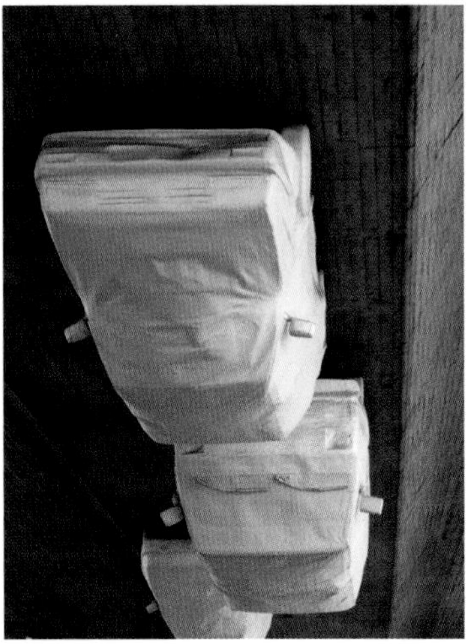

An der Raschplatzhochstraße

Trümmerschutts 1954 das Niedersachsenstadion. 15 Jahre nach Kriegsende ist der Wiederaufbau weitgehend abgeschlossen.

In den Bereichen der Altstadt, der Calenberger Neustadt und der Aegidienvorstadt geht der alte Stadtgrundriss im 2. Weltkrieg fast vollständig verloren. Hillebrecht versucht deshalb keine Rekonstruktion des Stadtbildes, sondern nutzt das „gigantische Experimentierfeld" für eine fundamentale Neugestaltung, für eine neue Gliederung und Auflockerung der Stadt. Zweckmäßig und schön, wirtschaftlich und gesund soll die Stadt gebaut werden. Nicht der Grundriss der alten Stadt, sondern lediglich das Grundgerüst bleibt als „geprägte Form" erhalten. Altes und Neues verbindet sich zu einem neuen Ganzen, das für Hans Joachim Toll vertraute Züge hat, weil „die alte Struktur in ihm verarbeitet und Träger des Ganzen geblieben ist". Für Karl Krolow ist Hannover die „Große Stadt mit kühlen Wimpern, unter denen die alten Augen blitzen". Die Bauaufgaben und Funktionen werden dabei fast ausschließlich anhand einer neuen Verkehrsstruktur entwickelt.

Das Neue am modernsten Aufbau aller deutschen Städte ist die Verkehrsentlastung der Innenstadt durch einen Ring von Tangenten, die den Durchgangsverkehr am Zentrum vorbeileiten und gleichzeitig die äußeren Stadtviertel untereinander besser verbinden. Diesen Cityring ergänzt ein zweiter, äußerer Ring von kreuzungsfreien Schnellstraßen. Traf der komplette Verkehr vor dem Krieg auf einem einzigen Punkt – dem Kröpcke – zusammen, so wird das sternförmige Verkehrskonzept nun zu einem „Rad mit Speichen" ergänzt, bei dem die beiden konzentrischen Tangentenringe über Kreisel mit radialen Ausfallstraßen verbunden werden. Hillebrecht ist begeistert von der Möglichkeit, „unbehindert durch Kreuzungen oder Ampeln mit unbeschränkter Geschwindigkeit bis zum Stadtkern preschen" zu können.

Das System der Tangenten ist kein grundlegend neuer Gedanke, sondern fußt auf Vorüberlegungen von Karl Elkart, der schon 1939 den heutigen Cityring mit Durchbrüchen östlich des Bahnhofs und die Neugestaltung des Leineufers plant. Aber Hillebrecht steigert diese Ideen ins Gigantische: wichtige Verkehrsadern werden zu Schneisen, Plätze verlieren ihre Maßstäbe. Auf der anderen Seite fällt der riesige Waterlooplatz der Lavesallee zum Opfer: Ganz bewusst zerstört Hillebrecht die absolutistische Achse des Paradeplatzes. Organisch geführte Straßen, durch die der Fahrer „schwingend" gleitet, definieren jetzt einen neuen Rhythmus „fließender Räume". Auch auf dem 6-spurigen Leibnizufer soll der Autofahrer Hannover im Vorübergleiten als „Stadt am Fluss" erleben. Nirgends wird rigoroser in die Stadtstruktur eingegriffen. Für die fast 40 Meter breite Schneise wird sogar ein zweiter Leinearm zugeschüttet.

Die „Verkehrsfreundlichkeit" erscheint uns heute großzügiger als nötig. Hannovers Innenstadt ist zwar nicht so dicht gedrängt wie die anderer Städte, das grobmaschige Stadtgewebe erzeugt stattdessen aber eine mancherorts unwirtliche Weite. Deshalb soll Ende der 1960er Jahre nach dem erfolgten Aufbau ein Umbau einsetzen, der für den späteren Stadtbaurat Hanns Adrian „das Hineinwachsen in einen anderen Maßstab zum Ziel" hat. In den 50er Jahren wird im großen Stil Platz geschaffen, der dann in den 70er Jahren von ebenso großen Komplexen wieder verstellt wird: Die Auflockerung und Durchgrünung wird jetzt durch eine rigorose Verdichtung ersetzt. Hillebrecht hält Hochhäuser noch bewusst aus der Altstadt heraus: Er deutet die Gebäudekante der Altstadt am hohen Ufer wie eine mittelalterliche Stadtmauer. Der Cityring fungiert damit als optische Trennlinie zwischen der geschlossenen Bebauung innerhalb und gelockerter Bebauung außerhalb des Rings. Dort symbolisieren Solitäre wie der elegante Verwaltungsbau der *Preussag* (heute Ministerium für Wissenschaft und Kultur), das beherrschende Verwaltungsgebäude der *Continental* oder der edle „Altbau" der *NORD/LB* die neue Zeit.

Die „heitere" Stadt der Nachkriegszeit wird erst durch die Bausünden der 1970er Jahre zunehmend unwirtlich und hässlich: Damals soll die Innenstadt mit einem Kranz von Hochhauskomplexen umgeben werden. Aufgetürmte Baumassen mit bis zu 150 Metern Höhe sind am Steintor, Aegidientorplatz, Friederikenplatz und Raschplatz vorgesehen. Glücklicherweise wird solch ein Komplex nur am Raschplatz und auch nur zu einem Drittel der ursprünglich veranschlagten Baumasse realisiert. Die erste Komplexbebauung Hannovers, der 500 Meter lange Betonkoloss des *Ihme-Zentrums,* ist zugleich die „größte" Bausünde der 70er Jahre. Ebenso wie das Ihme-Zentrum wird das Projekt des *Kröpcke-Centers* an private Investoren vergeben und läuft voll aus dem Ruder. Es ist einfach unverständlich, dass der grobschlächtige Betonklotz direkt im Herzen der City noch immer nicht kosmetisch behandelt wurde, nachdem man mittlerweile die halbe Innenstadt „aufgehübscht" hat. Planungen gibt es schon seit den 80er Jahren. Die günstigste und zugleich interessanteste Idee ist seinerzeit, den Betonhügel zu bepflanzen.

Treppenhaus der ehem. Preussag

19

HAUPTSTADT DER TRANSPLANTATION

Es ist nichts Ungewöhnliches, dass man im Zuge von Neubauten oder Veränderungen im Straßenverlauf hin und wieder Plastiken, Brunnen oder Denkmäler temporär entfernt oder unwesentlich verrückt. In Hannover hat sich das Versetzen von Stadtmobiliar jedoch zu einem regelrechten Sport entwickelt. Beginnen wir mit den Denkmälern. „Ja, Denkmal in Hannover müßte man sein. Da erlebt man was", heißt es im *Roten Faden*. Warum soll nicht auch einem Denkmal ab und an ein Ortswechsel gut tun, hat man sich wohl in Hannover gedacht, und einigen Herrschaften zu einem regelrechten Spaziergang durch die Stadt verholfen: Marschner steht ursprünglich vor dem Opernhaus und muss 1960 beim Bau der Tiefgarage weichen, Schiller steht von 1958–82 dahinter. Anfangs schmückt er jedoch den Georgsplatz, steht dort vor dem altehrwürdigen Ratsgymnasium und muss beim Bau der „alten" *NORD/LB* umziehen. Heute steht er merkwürdig verloren in der Fußgängerzone, am Wegekreuz von Georg- und Schillerstraße.

Nicht nur Leibniz, auch seine hannoversche Hauptbezugsperson wird mehrfach verpflanzt: **Kurfürstin Sophie** wird 1939 vom tatsächlichen Ort ihres Todes entfernt und bis 1965 im Orangenparterre vor der Galerie aufgestellt. Das Denkmal, das durch den Umzug seiner Kriegserstörung entgeht, wird versetzt, weil der wuchtige Pavillon aus dem 19. Jahrhundert, in dem das Denkmal steht, bei der Umwandlung des Großen Gartens 1936/37 als störend empfunden und abgerissen wird. Der schlichte „neoklassizistische" Pavillon, der statt seiner errichtet wird, gerät dagegen zu klein, so dass das Denkmal seine Wirkung ebenso wenig entfalten kann. Zur 300-Jahr-Feier des Großen Gartens darf Sophie auf ihren angestammten Platz zurückkehren und muss seitdem ohne schützenden Pavillon auskommen.

Eine Weiterentwicklung des einfachen Versetzens ist das Recyceln verschiedener Denkmal- oder Brunnenreste zu neuen Konstellationen. Gutenberg gerät erst 1949 an den Königsworther Platz. Er kommt hier vor dem ehemaligen Fabrikgebäude der Geschäftbücherfabrik *König und Ebhardt* zu stehen, welche die Plastik zum 450-jährigen Jubiläum des Buchdrucks stiftete. Ursprünglich steht sie am Rand des Maschparks am Friedrichswall gegenüber der Einmündung Ebhardtstraße – als Teil eines *Gutenbergbrunnens*, dessen Sockel seit 1950 für den *Nachtwächterbrunnen* auf dem Lindener Marktplatz dient. Die Brunnenschale am Klagesmarkt stammt von einem Brunnen vor der einstigen Wasserkunst, auch der *Duve-Brunnen* wird 1952 auf dem Leibnizufer mit veränderter Schale und im Schmuck abgespeckt wieder aufgestellt. Ursprünglich wird er auf dem

Neustädter Markt errichtet – als Ersatz für den ältesten noch funktionierenden Brunnen von 1829, der dann von 1914–52 vor der Oberrealschule am Clevertor installiert wird. Erst seit 1955 plätschert er gegenüber dem Portikus des Leineschlosses und bildet mit ihm eine stilistische Einheit.

Sphinxe am Wilhelm-Busch-Museum

Schon lange vor der in der Neugestaltung der Stadt in den 1950er Jahren wird das städtische Mobiliar verrückt. Der Obelisk im Georgengarten von 1776 wird bereits 1833 an die heutige Stelle versetzt – ursprünglich stand er hinter dem Wilhelm-Busch-Museum. Die beiden Sphinxe an der rückseitigen Treppe des Hauses wiederum zierten einst eine Brücke im Wangenheimschen Garten ein paar hundert Meter weiter Richtung Innenstadt. Die ehemalige Kaimauer und Balustrade des 1861 zugeschütteten Schiffgrabens dient heute als Mauer des Engesohder Friedhofs. Das sogenannte *Rad*, ein Labyrinth auf dem Boden einer Lichtung, wird bei der Umgestaltung der vorderen Eilenriede vom Emmichplatz mitten in den Wald verlegt, befindet sich heute etwa 250 Meter nordöstlich der Bernadotte-Allee und 700 Meter nördlich des Zoos. 1582 erstmals erwähnt, angeblich im 30-jährigen Krieg von Tillys Truppen angelegt, handelt es sich bei dem Rad vermutlich um eine seltene altgermanische Kultstätte, die bei ihrem Umzug bedauerlicherweise verändert wird.

Auch drei barocke Sandsteintore werden recht beliebig wieder neu aufgestellt: Das *Tor des Marstalles* von 1714 neben dem Historischen Museum steht ursprünglich am Ende der Burgstraße, das *Neue Tor* kommt erst 1961 an die Schlossstraße: Die vier Pfeiler der Neustädter Wache stehen seit 1782 gegenüber dem Archiv und werden bei Anlage des Waterlooplatzes 1926 in die Waterloostraße versetzt. Das Tor vor der Bauverwaltung ist das *Wappen-Portal der Garde-du-Corps-Kaserne*, der späteren Kaserne der Königsulanen am Königsworther Platz: Errichtet 1736 als Tor des Maultierstalles, wird es 1955 vor die frisch errichtete Bauverwaltung gestellt. Ein viertes Tor ist eigentlich keins: Der Torbogen im Großen Garten am Ende des Parterres gegenüber der Grotte ist das Mittelstück der Herrenhäuser Schlosstreppe, die als einziges Relikt des Schlosses den Krieg übersteht.

Die hannoversche Freude am Versetzen betrifft schließlich auch gestandene Bauwerke – sogenannte Immobilien. An der Jägerstraße in Herrenhausen errichtet Laves 1817 das *Gartenhaus der Kammerfrau Charlotte Beckedorf.* Als das Grundstück dem Georgengarten einverleibt wird, setzt man das Gartenhaus 1873 an den „Limmerbrunnen“ um. Es wird leicht verändert wieder aufgebaut und 1897 noch um einen Treppenturm ergänzt. Der *Küchengarten-Pavillon*, 1749 als Belvedere errichtet, wird 1914 auf den Lindener Berg versetzt. Auch das

Küchengartenpavillon auf dem Lindener Bergfriedhof

zusammen gewürfelte Freilichtdorf im Zoo hat einen hannoverschen Vorläufer: Schon bei der Anlegung des **Hermann-Löns-Parks** ist ein Freilichtmuseum geplant, das als Teil des *Vaterländischen Museums* die „Volkstums"-Abteilung aufnehmen soll, es werden jedoch nur drei historische Gebäude umgesetzt: Ein niedersächsisches Hallenhaus aus Wettmar von 1720 und ein Speicher aus Eystrup von 1637 werden als Restaurant wieder aufgebaut, die Bockwindmühle hat eine regelrechte Odyssee hinter sich: Errichtet am Himmelreich, kommt sie 1701 zum Aegidientorplatz, 1747 zum Opernplatz, wird dort 1844 für den Bau des Opernhauses abgebrochen. Über den Emmerberg gelangt sie zum Engesohder Berg, entweicht beim Bau des Engesohder Friedhofs in den 1870er Jahren in die Südheide nach Hohnebostel bei Langlingen und gelangt von dort 1938 schließlich in den Hermann-Löns-Park.

Wenn man heute durch die „Altstadt" schlendert und schließlich am Holzmarkt steht, sich darüber freut, dass wenigstens zwei Straßenzüge den Krieg überstanden haben, sollte einen die Denkmaltafel in der Burgstraße 23 A stutzig machen: „Diese Fachwerkhäuser des 16. bis 18. Jahrhunderts entgingen im Jahre 1943 teils hier, teils an anderer Stelle der Altstadt den Flammen." Hier kann der *Rote Faden* aushelfen: „Die alten Fachwerkfassaden sind echt alt, die Häuser dahinter sind modern. Aus verschiedenen Straßen hat man die Fassaden zusammengetragen und eine neue alte Straße gebaut. Da steht sie und ist durch nichts von einer echten Altstadtstraße zu unterscheiden. […] In der Kramerstraße sehen Sie dann Fachwerkhäuser, die man da hat stehen lassen, wo sie gewachsen sind." Von ehemals 1600 Fachwerkhäusern stehen nach dem Krieg noch ganze 32 (!) – die meisten in der Kramerstraße. Die übrigen werden hier Ende der 50er Jahre zu einem „Fassaden-Museum" zusammengerückt, das seitdem eine imaginäre „Altstadt" mit romantischem Flair suggeriert.

Sind die Fachwerkhäuser teilweise echt, teilweise nur deren Fassade, aber der Standort nicht, so stimmt beim *Leibnizhaus* gegenüber gar nichts mehr: Es ist nicht nur nicht echt, sondern steht auch noch am falschen Platz! Wie das *Knochenhauer-Amtshaus* in Hildesheim war es eines der schönsten deutschen Bürgerhäuser. Und ebenso wie jenes überlebte es den zweiten Weltkrieg nicht und wurde 1983 komplett rekonstruiert. Mit einem wesentlichen Unterschied: Das Original von 1499 mit der prächtigen Renaissancefassade von 1652 stand ursprünglich ganz woanders: in der Schmiedestraße 10, dort, wo jetzt die Einfahrt eines Parkhauses gähnt. Und um noch eins draufzusetzen: Seit 1959 gibt es Überlegungen zu einer Rekonstruktion des Leibnizhauses am Holzmarkt. 1975 erwägt man, das *Nolte-Haus* rechts neben dem Leibnizhaus für selbiges zu opfern, da das Leibnizhaus ursprünglich ein Eckhaus war. Ein Bürgerprotest verhindert den Abriss des Nolte-Hauses, das Leibnizhaus steht heute links daneben und ist auf eine Schauseite reduziert.

Man hätte das Haus doch bestimmt auch spiegeln und an der linken Straßenecke zur Schlossstraße seitenverkehrt errichten können! Und in die Mitte hätte man eine andere Renaissancefassade setzen können, die des *Overlachschen Hauses* in der Lavesstraße 82. Errichtet wird sie 1663 am Marktplatz, dort 1886 abgebrochen und in der Lavesstraße wieder aufgebaut durch Bankdirektor August Basse. Der Umzug rettet die Fassade vor der Zerstörung. Fassadenreste aus der Renaissance befinden sich an den Häusern in der Osterstraße 30 (Ursprungsbau von 1611), in der Leinstraße 32 (Ursprungsbau von 1583) und in der Leinstraße 33. Beim Wiederaufbau des Hauses 1958 werden Elemente des *Hauses der Väter* verwendet, das 1619 etwa hier erbaut, 1852 in der Langen Laube in gänzlich veränderter Gestalt aber wieder errichtet wird – mit dem Erker eines Hauses aus der Schmiedestraße 29 und einem Giebel aus der Schmiedestraße 14.

Overlachsches Haus

20

DIE KUNST STEHT AUF DER STRASSE

Bereits ein Jahrzehnt nach dem Aufbau-Wunder müssen sich die Stadtväter erneut Gedanken machen, weil Hannover unter dem Image einer grauen Beamtenstadt leidet: mustergültig wiederaufgebaut, doch ohne Leben. Deshalb fordert Oberstadtdirektor Martin Neuffer 1969: „Hannover soll in einem neuen Sinn aufregend werden, wir müssen eine Umgebung schaffen, in der man sich intensiviert fühlt." Die *Neue Ruhr-Zeitung* zeigt sich im August 1970 verwundert: „Hannover hat trotz seines schlechten Images Verschönerungsbemühungen weniger nötig als jede Stadt im Rhein-Ruhr-Gebiet. Läge Hannover [...] nicht fernab vom Schuß an der Leine, sondern im Ballungszentrum am Rhein – es [...] wäre der beliebteste Wohnort Nordrhein-Westfalens. Doch das Dornröschendasein am Rande des Landes zwingt zu besonderen Aktivitäten."

Martin Neuffer und der Direktor des Kunstvereins Manfred de la Motte versuchen deshalb mit dem *Experiment Straßenkunst*, „das Lebensgefühl in einem zunächst begrenzten Stadtbereich durch intensive Einbeziehung von Kunstwer-

„Kopfsteinpflaster" von Timm Ulrichs am Schiffgraben

„Nana" von Niki de Saint Phalle am Leibnizufer

ken und Kunstaktionen in den öffentlichen Straßenraum zu verändern und zu steigern. Es soll ferner festgestellt werden, ob die in ihrer Mehrheit im Umgang mit moderner Kunst ungewohnten Bürger und Besucher der Stadt nach Ablauf des Programms die dauernde Einbeziehung von Kunstwerken und -ereignissen in den öffentlichen Stadtbereich als zusätzliche Erlebnisdimension befürworten oder ablehnen". Auf zunächst drei Jahre ausgelegt, sollen die Kunstwerke wieder entfernt werden, wenn die Bürger das nach Ablauf des Experiments wünschen. In der *Süddeutschen Zeitung* heißt es dazu im September 1970: „Finden die Hannoveraner nach diesen drei Jahren Straßenkunstexperiment die Öffentlichkeit der Kunst richtig, ist der Beweis erbracht, daß moderne Kunst nicht elitär und unkommunikativ ist. Dann sollen Kunstobjekte und -aktionen das Stadtbild auch in den kommenden Jahren so entscheidend prägen wie etwa die Grünflächen. Finden die Hannoveraner nach diesen drei Jahren aber, daß ihre Stadt durch Plastiken und Aktionen auch nicht attraktiver, ihr Kunstverständnis auch nicht größer geworden sei, soll als erwiesen gelten, daß man doch eine Minderheitenkunst gefördert hat. Dann werden die Kunstobjekte wieder eingesammelt und in Minderheitengettos – sprich Museen – untergebracht. Der eingeschlagenen Taktik nach zu urteilen, muß den hannoverschen Stadtvätern etwas an einer positiven Beantwortung dieser Frage liegen."

Martin Neuffer hat die Vision einer farbenfrohen Stadt, die mit Kunstwerken „gleichsam überzogen" wird. Die offensive Kulturpolitik verfolgt aber keine Ver-

An der Bismarckschule

schönerung der Stadt im klassischen Sinn. Sie will ein neues Lebensgefühl wecken und die Stadt mit zusätzlichen „Erlebnisräumen" anreichern. „Vorbehalte gegen moderne Kunst unterliefen die Manager geschickt durch eine amüsante Verpackung", kommentiert die *Neue Ruhr Zeitung*: Startschuss des Projekts ist das letzte Wochenende im August 1970: ein Kunstspektakel für fast 200.000 Menschen – Hannovers erstes *Altstadtfest*. Highlights sind die Babbelplastobjekte aus PVC-Folie, überdimensionale luftgefüllte Kunststoffgebilde des Düsseldorfer Künstlers Klaus Göhling, die die engen Altstadtstraßen verstopfen, und ein transparenter Plastikschlauch der englisch-holländischen Gruppe *event structure research group*, in dem man trockenen Fußes den Maschsee überqueren kann. „An gesellschaftspolitischer Bedeutung könnte das Hannoveraner Experiment, wenn es gelingt, Venedig und Kassel in den Schatten stellen", urteilt das *Deutsche Allgemeine Sonntagsblatt*.

Das *Experiment Straßenkunst*, das so hoffnungsvoll beginnt, scheitert am Ende doch. Die vorgesehenen Beträge von jährlich einer Million Mark werden schon 1971 auf 800.000, 1972 und 1973 auf jeweils 250.000 Mark gestutzt. Keine drei Jahre später wird das Experiment eingestellt: Die Kosten von 150.000 DM (!) für die drei **Nanas** von Niki de Saint Phalle und ihre als obszön empfundenen Formen führen zu einem Eklat. Peter Schamonis Dokumentarfilm *Wer ist das Monster – Du oder ich?* zeigt die Aufstellung der Nanas im Winter 1974. Die kurze Sequenz des sonst so bunten Filmes zeigt graues Wetter, grau gekleidete Menschen mit grauen Gesichtern, die sich abschätzig über die drallen Damen äußern – wie eine Bestätigung der schlimmsten Vorurteile über Hannover. Heute sind die Nanas so etwas wie die fröhlichen Maskottchen der Stadt, im November 2000 wird Niki sogar Ehrenbürgerin von Hannover. Gleichzeitig schenkt sie dem Sprengel-Museum fast 400 Kunstwerke – die größte Niki-Sammlung der Welt. 2003 wird ihr letztes großes Werk, die Herrenhäuser Grotte, fertig gestellt. So ändern sich die Zeiten.

Kunst im hannoverschen Straßenbild gibt es nicht erst seit 1970, doch vor 1900 ist Kunst im Außenraum eher selten. Zu den kurz nach 1700 im Großen Garten aufgestellten „gigantischen Sandsteinstatuen, deren Züge und Gestalten zurückschreckend sind" (Monsieur Mangourit), gesellt sich lediglich August Hengsts *Viktoria* auf der Waterloosäule. Trotz ihrer stattlichen Höhe von sechs Metern wird sie aber nicht als eigenständiges Werk, sondern als figürlicher Abschluss des Monuments aufgefasst. Bleiben die drei Löwenpaare vor öffentlichen Gebäuden: dem Welfenschloss (aus Bronze), dem Künstlerhaus (aus Granit) und eingemauert im Portal des Rathauses (aus Sandstein). Als skurrile „Kunst am Bau“ verkörpern schließlich August Waterbecks figürliche Abschlüsse einer Mauer an der Bismarckschule eine steingewordene Bulldogge, das Signet der Satirezeitschrift *Simplicissimus.*

Die Aufstellung von Kunst im öffentlichen Raum beginnt erst Ende der 1920er Jahre mit vereinzelten Tierplastiken in der vorderen Eilenriede: Ernst Gorsemanns *Steinbock* am Teich hinter der Musikhochschule (1929), Ludwig Vierthalers *Fabeltier* an der Bernadotte-Allee (1931, Nachguss 1951), August Waterbecks *Wisent* am Zoo (1935) und *Hirsch* am Lister Turm (1936). In diese Zeit fällt auch die erste zusammenhängende Aufstellung programmatischer Plastiken unter den Nationalsozialisten, der „Nackten am Maschsee“: *Fackelträger* (1937) und *Fischreiter* (1936) von Hermann Scheuernstuhl, das *Menschenpaar* (1937) von Georg Kolbe, der *Bogenschütze* (1939) von Ernst Moritz Geyger (heute vor dem Neuen Rathaus) und schließlich die martialischen *Bronzelöwen* (1938) von Arno Breker an der Löwenbastion. Diese sollten ursprünglich zwei je drei Meter lange Krokodile zieren, die Peter Schumacher 1934 an der vorgesehenen Stelle aus je einem Stück Sandstein herausschlug. Seit 1974 liegen sie vor dem Wohnhaus Lindemannallee 19 in der Nähe der Bult.

Zwei andere Arbeiten von Breker, Granit-Fragmente aus einem Gigantenrelief, die der hannoversche Bildhauer Hans Jürgen Breuste aus einem Steinbruch im Fichtelgebirge beschafft, sind ein Fuß vor der Kneipe *Barfuß* am Holzmarkt

„Menschenpaar“ von Kolbe an der Geibelbastion

und eine Steinfaust, verarbeitet in *Boogside* in der Fußgängerzone Osterstraße. Vor dem Verwaltungsbau der *Hanomag* in Linden steht noch ein kolossaler Schmied aus Muschelkalk von Georg Herting (1941).

Doch erst nach dem 2. Weltkrieg wird der Charakter des Stadtbildes nachhaltig von Kunst im Außenraum geprägt. Während der Bundesgartenschau 1951 zeigt die **Kestner-Gesellschaft** gleichzeitig zwei Ausstellungen: In ihren Räumen in der Warmbüchenstraße *Deutsche Bildhauer der Gegenwart* mit 119 Werken von 44 Künstlern und auf dem Gelände der BUGA *Plastik im Garten und am Bau* mit 35 Werken von 31 Künstlern, darunter die *Maja* von Gerhard Marcks (1942). Seit 1951 steht sie vor dem Verwaltungsbau der *Kali-Chemie*, heute *Solvay*. Die sehr schön drapierte *Badende* von Kurt Lehmann sitzt heute im Lichthof des NDR. Von den 1951 aufgestellten Plastiken existieren im **Stadthallengarten** heute noch die *Affen* und *Wildschweine* von Fritz Bernuth (1951), die *Fischreiher* von Ruth Meissner (1935, ursprünglich an der Maschseequelle) und eine merkwürdig verrenkt hockende *Pietà* von Georg Kolbe (1930).

Die Übergänge zwischen der Kunst der 1930er und 50er Jahre sind fließend, die „Kunst am Bau" ist noch weitgehend der Figuration verpflichtet. In den 1950er Jahren geht es um die „Möblierung" der neuen Stadt, um Dekoration und Kosmetik. Hermann Scheuernstuhl gestaltet 1952 den *Samariter* am Barmenia-Haus, die Allegorien *Theater* und *Musik* an der Leibnizschule und den *Mann*

„Hellebardier" von Calder am Sprengel-Museum

mit Pferd am Hohen Ufer. Kurt Lehmanns *Kindergruppe* in der Grupenstraße gibt „ausreichend Gelegenheit zur fröhlich stimmenden Betrachtung", heißt es in einem Katalog der frühen 60er Jahre, und bringt einen „heiteren Zug" in die Stadt. Kurt Lehmann hat wie kein anderer das hannoversche Stadtbild mit seinen Muschelkalkskulpturen und Bronzeplastiken geprägt – Hannover ist heute ein einziges Kurt-Lehmann-Freilichtmuseum.

So gesellen sich zu den Reliefs an der Industrie- und Handelskammer am Schiffgraben und an der Lindener Martinskirche der *Rübezahl-Brunnen* in Mittelfeld, die *Große Stehende* im Ratsgymnasium, ein *Liegendes Fohlen* in der Leibnizschule, das *Kind im Regen* im Rosmarinhof, der *Wächter* vor der Oberfinanzdirektion, die Griffe am Foyer des Opernhauses und der Innentür der Marktkirche, vier *Gleichnisse menschlicher Haltung* am Bahlsen-Haus am Kröpcke, der *Tänzer* im Atrium des Landtags, die *Vogeltränke* in Form eines hockenden Jungen vor der Grundschule Bonner Straße, der *Junge mit Taube* in der Tellkampfschule, die *Umschauende* neben dem Ministerium für Wissenschaft und Kultur am Leibnizufer, die *Demut* in der Ruine der Aegidienkirche und die *Speerträger* vor der *AWD*-Arena. Vor dem Nebeneingang des Stadions stehen auch die *Staffelläufer* von Gerhard Marcks. Sein drittes Werk in Hannover ist das *Portal der Marktkirche*, das 1958 durch seine drastische Darstellung vehemente Proteste hervorruft.

Die Dominanz eines Lehmann bringt der *Rote Faden* an der Station des Fernmeldeamtes auf den Punkt: „Heute würde man ja einen siebenmeterachtzig hohen Telefonhörer aus orangenem Plastikmaterial als Kunst davorstellen, und die Leute von der Post hätten auch noch Verständnis dafür. Als Herr Volwahsen den Auftrag für eine Skulptur erhielt, waren aber gerade die Plastiken von Professor Lehmann modern, und die stellten meist Menschen dar. Was lag näher, als das Leid jener darzustellen, die ohne Telefon auskommen mußten? Und so hält die gute Frau dem Briefträger ihre leere Hand hin, und ihr fast großjähriger Sohn versucht, den Postverkehr mit einer Brieftaube zu beschleunigen."

Nach der figürlichen Periode der 1950er Jahre gewinnt in den 60er Jahren die Abstraktion die Oberhand, wie bei Jürgen Webers *Windgöttern* am Landtag (1962), Hans Uhlmanns *Stahlplastik* in der Schmiedestraße (1965) oder Erich Hausers *Stahlrelief* am Kubus (1965). Internationale Maßstäbe setzen Plastiken von Henry Moore und Aristide Maillol. Dessen *Luft* (1961) steht auf dem Georgsplatz. „Im Volksmund heißt die Figur ‚das gefallene Mädchen', und so sieht sie auch aus. Hübsch ist sie trotzdem – ein richtig nettes Mädchen, das in der Badewanne saß, als das Telefon klingelte", frotzelt der *Rote Faden*. Henry Moores Plastik *Glenkiln Cross* erwirbt Bernhard Sprengel 1959 auf der Documenta 2 und schenkt sie der Stadt im Jahr darauf. Zehn Jahre später stiftet er Calders *Hellebardier*. Die Stadt nimmt die Impulse aus dem privaten Lager auf und initiiert ihrerseits das *Experiment Straßenkunst*.

21

ROTER PUNKT UND ROTER FADEN

Das *Experiment Straßenkunst* ist ein einziges großes Fest, „eine Verquickung von sehr verschiedenartigen … Amüsements, unter denen die Kunstprozesse fast unmerklich geschahen“, berichtet die *Zeit*, und von der *Süddeutschen Zeitung* wird dem Altstadtfest „sein aggressionsloser, heiterer Verlauf“ bescheinigt, „seine „fast mediterrane Festatmosphäre.“ Hat der Korrespondent der Zeit „noch niemals solche Mengen so intelligent unterhaltener, so amüsierter und aktiver Stadtbewohner gesehen wie hier“, so sind nicht alle mit dem Fest zufrieden: „Außer Gestank, Lärm, Unrat und totaler Unfähigkeit war nichts, was das Herz erfreute. Die Herren, die hier noch von Kunst reden, die sollte man doch wegen Unfähigkeit und Vergeudung von Steuergeldern zum Teufel jagen. Mit einem solchen Fest kann man [...] höchstens ein paar langhaarige Affen anlocken“, heißt es in einem Leserbrief der *Hannoverschen Allgemeinen Zeitung.*

Schon Jahre zuvor liegt etwas Neues in der Luft, eine besondere Aufbruchstimmung, Vorboten der Studentenbewegung: Im August 1966 erregt sich die *Hannoversche Allgemeine Zeitung* über „Pilzköpfe und die Gammelbewegung“: „Am idyllischen Georgsplatz ist nicht immer gut sein: Allerlei langmähniges junges Volk hat – sehr zum Unwillen erholungssuchender Bürger – die wenigen noch vorhandenen Stühle mit Beschlag belegt. An den Brunnenbecken hocken auch Gestalten, die sonst offenbar das Wasser scheuen, und die Bankangestellten werden schon früh durch Gitarren und Gelächter bei der Arbeit gestört.“ Bei Razzien und Säuberungsaktionen der Polizei mit Wasserwerfern und Desinfektionsmitteln finden sich oft mehrere tausend Schaulustige ein. Aber auch die Bürger selbst zetteln gelegentlich Schlägereien an, nehmen „Säuberungen“ auf eigene Faust vor, indem sie nachts die „Langhaarigen“ in die Brunnen werfen. Die Stadt erlässt daraufhin 1968 eine neue Straßenordnung: „Es ist verboten, auf öffentlichen Straßen zu liegen, insbesondere zu übernachten; sich in öffentlichen Brunnen und Wasserbecken zu waschen, zu baden oder Wäsche zu waschen, in sonstiger Weise die Straßen und deren Einrichtungen mißbräuchlich zu benutzen.“ Zwei Jahre später vermerkt der *Rote Faden*: „Inzwischen gibt es hier keine Gammler mehr, und wenn es welche gäbe, würde sich niemand dran stören. Die Grenzen haben sich verwischt. Inzwischen interessiert sich kein Mensch mehr für unterschiedliche Haarlängen.“

Der Beschluss der hannoverschen Verkehrsbetriebe *üstra*, die Fahrpreise um ein Drittel zu erhöhen, löst im Juni 1969 Protestaktionen und Schienenblockaden aus. Als der Fahrbetrieb eingestellt wird, organisieren sich Hannovers Bürger selbst mit der *Roten Punkt-Aktion*, die zu einer umfassenden Solidarität

Symbiose von Antike und Moderne auf dem Flohmarkt

zwischen Benutzern öffentlicher Verkehrsmittel und Autofahrern führt: Zehntausende handtellergroßer roter Punkte werden verteilt, die die Autofahrer an der Windschutzscheibe befestigen, wenn sie kostenlos Beifahrer mitnehmen möchten. Die verwaisten Straßenbahnhaltestellen werden zu Anlaufstellen für die Autos, am Bahnhof, Kröpcke, Aegi und Steintor herrscht ständig dreispuriger Haltebetrieb. Während der elftägigen Blockade kommt so praktisch jeder an sein gewünschtes Ziel. Daraufhin wird die Fahrpreiserhöhung zurückgenommen.

Bereits 1966 wird der **Jazz Club** gegründet, 1967 finden zum ersten Mal die Hannoverschen Jazztage und *Swinging Hannover* vor dem Neuen Rathaus, aber auch der erste deutsche **Flohmarkt** auf dem Holzmarkt statt. Jazz und Flohmarkt werden beim *Experiment Straßenkunst* entsprechend eingebunden; und alles zusammen ergibt dann eine in Deutschland einzigartige Mischung. Vorsitzender des Jazz Clubs ist von 1968–2004 „Mr. Jazz" Mike Gehrke, er wird 1971 als erster deutscher „Imagepfleger" angestellt. Eine geniale Marketingidee dieser Tage, erfunden vom Künstler und Werbeagentur-Chef Karl Gerster, ist schließlich der *Rote Faden*, ein dicker roter Strich auf dem hannoverschen Pflaster, der die wichtigsten Sehenswürdigkeiten der Innenstadt miteinander verbindet. Das gleichnamige Begleitbuch mit erklärenden Texten zu den einzelnen Stationen, die auch das vorliegende Buch wie ein roter Faden durchziehen, schrieb kein geringerer als Harry Rowohlt – gemeint ist allerdings die ursprüngliche Fassung, nicht das, was in den 1980er und 90er Jahren daraus gemacht wurde.

Auch die gerade aufgestellte Straßenkunst nimmt der Rote Faden aufs Korn: „Seit neuestem gibt es am Georgsplatz etwas ganz Modernes: Lichtkunst. Ein großes Brett leuchtet in verschiedenen Intervallen und Farben auf – von einem Computer gesteuert. Und das jeden Abend. Andere Städte mögen mehr Lichtreklamen haben als wir. Aber Hannover ist wohl die einzige Stadt, die Lichtreklame macht, ohne dabei für etwas Reklame zu machen. (Entschuldigen Sie, daß wir dafür Reklame machen.) Das Lichtkunstobjekt ist von Ihme. Von Weme? Von

Ihme. Außerdem gibt es noch ein Stückchen Straßenkunst. ‚Schrauben' heißt das Objekt. Es ist von Hawoli und sieht aus wie viele Kochtöpfe. Sie dürfen dran drehen. Schwung! Die öffentliche Bedürfnisanstalt ist von der Stadtverwaltung, Abt. 68.2." Die *Schrauben* von Hans-Wolfgang Lingemann stehen nach wie vor, die große Leuchttafel wird 1994 verschrottet. Eine zeitgemäßere Reihe farblich changierender Leuchtbänke vertritt sie würdig.

Im *Roten Faden* heißt es weiter: „Man baut ein Ordnungsamt, welches bekannt ist für seine vorzügliche Ordnung, eine Galerie, ein Ausstellungsgebäude und stellt alles zusammen um einen Platz. Der Galerist benutzt den Platz für ordentliche Ausstellungen, und die Ordner im Ordnungsamt, so stellt sich heraus, entwickeln Kunstsinn und lassen sich mit bunten Rückenschildern bekleben. Für den Fall, daß weder Galerist noch Ausstellungsgebäude etwas zu bieten haben, ist inzwischen auch gesorgt. Man hat ein großes Stück emaillierte Straßenkunst für dauernd an den Rand des Platzes gehängt." Auch dieses Objekt von Günther Kämpfe hängt noch heute zwischen Ordnungsamt und Kubus. Es sind nicht immer die besten Stücke, die sich bis in unsere Tage retten konnten.

Und insgesamt gerät das Experiment nicht weltläufig genug: Es wird viel Schlechtes aufgestellt, dazu am falschen Ort, oft falsch dimensioniert. Heute noch vorhanden sind Horst Antes' *Kopffüßler* (1969) vor dem Sprengelmuseum, die *Avenue K* von Kenneth Snelson (1970): von Stahlseilen zusammengehaltene Aluminiumstangen auf dem Leibnizufer vor dem Leineschloss, Hein Sinkens *Anemokinetisches Objekt* (1970) am Historischen Museum, Fritz Wotrubas *Stehende Figur* (1970) in der Nordmannpassage, Eugene Dodeignes *Große Familie* (1971) hinter dem Kestner-Museum, Christian Weisers *Spirale* (1971) in der Knochenhauerstraße auf Höhe der Kreuzkirche, das geometrische Stahlobjekt *Makrokern* von K. L. Schmatz (1971) am Alten Rathaus und der Plexiglaswürfel *Diamant II* von Sanford Wurmfeld (1972) schräg gegenüber an der Markthalle.

Auf das *Experiment Straßenkunst* folgen stillere Jahre. Ende der 1980er Jahre veranstaltet Robert Simon auf dem Königsworther Platz mehrere Ausstellungen mit Stahlplastiken, auch die Kunstmeile vom Leibnizufer bis zum Königsworther Platz geht auf seine Initiative zurück. Allein am Königsworther Platz befindet sich heute ein halbes Dutzend großformatiger Arbeiten. Altgediente Plastiken des *Experiments* bevölkern mittlerweile die Vahrenwalder Straße. Die provokativen, sozialen Anliegen der 70er Jahre haben sich verselbständigt, die „Stadtmöblierung" fällt heute wieder zurück in die heitere Dekoration der 50er Jahre.

Kunst am Kubus

20 Jahre nach dem Experiment Straßenkunst wird mit dem fünfjährigen Projekt *Kunst im öffentlichen Raum* ein neuer Anlauf genommen. Den Auftakt bildet die Ausstellung *Bis jetzt – Plastik im Außenraum der*

Bundesrepublik, die 1990 im Georgengarten ein Resümee der Jahre 1960–90 zieht. Nach der großen Restaurierung des Georgengartens sind fast alle Relikte verschwunden. Auf diese „Straßenkunst im Grünen" folgt bereits im Jahr darauf die temporäre Momentaufnahme *Im Lärm der Stadt*. Ein Überbleibsel dieser Straßenkunstaktion ist die Installation *Hangover* von Andreas von Weizsäcker, drei über Kopf hängende Autos unter der Raschplatz-Hochbrücke *(Abb. S. 102)*. Die dritte Stufe bildet die „angewandte Straßenkunst" der neun **Busstops**, Haltestellen von internationalen Stardesignern wie Ettore Sottsass, Alessandro Mendini oder Frank O. Gehry: Stadtmöblierung im großen Stil, die das Spannungsfeld zwischen Architektur, Design und Kunst auslotet.

Busstop von Ghini

Im Vorfeld der EXPO 2000 schlägt der Architekt und Galerist Wolf Böwig vor, die Hochbrücke am Aegi zu erhalten für einen *Kunstkilometer* auf Stelzen, ein kilometerlanges Band aus Stahl und Glas, das sich vom Friedrichswall bis zum Schiffgraben „schwingen" und Platz für Ausstellungen bieten soll. Die Resonanz auf diesen Vorschlag ist eher verhalten. 1998 wird die Stahlhochstraße abgerissen. Als Provisorium für den U-Bahn-Bau gedacht, bildete die Brücke drei Jahrzehnte lang ein (mittlerweile marodes) urbanes Merkmal und lieferte manchen Nervenkitzel auf der beengten Fahrbahn. Kurz vor ihrem Abriss wird hier noch der Hacker-Film *23* gedreht, der auf wahren Begebenheiten aus Hannover beruht.

Das Projekt *In Between* bildet im Jahr 2000 einen eigenständigen künstlerischen Beitrag zur EXPO: Ein Dutzend provokante Positionen von Maurizio Cattelan, Paul Mc Carthy oder Gabriel Orozko sind über das Weltausstellungsgelände verteilt. Ein Relikt ist *The Pink Building*, die weithin sichtbare Halle 10 am Südeingang des Geländes von Lily van der Stokker. Der schreiend bunte Kubus bildet noch immer einen grellen Kontrast zum nüchternen Messegelände. Das schönste Kunstobjekt zur EXPO aber ist die temporäre Lichtinstallation *Poesia* der hannoverschen Künstlerin Yvonne Goulbier: Mit vier großen Projektoren, die auf Dächern am Steintor installiert werden, wirft sie riesige „Dias" mit phantastischen Mustern auf die Kuppel des Anzeiger-Hochhauses, die sich von der Abenddämmerung bis zum Morgengrauen Nacht für Nacht kontinuierlich verwandelt.

„Tulpen" von Koons bei der NORD/LB

22

DER SÜDEN VOM NORDEN

Der Hannoveraner kann auch lustig sein – zumindest einmal im Jahr zum *Schützenfest*, der Mutter aller hannoverschen Feste. „Man hat das hannoversche Schützenfest oft als Pendant des rheinischen Karnevals bezeichnet; dieser Vergleich besitzt nur begrenzte Berechtigung, denn zugleich werden hier die Unterschiede zur rheinischen Mentalität deutlich", konstatiert Hans Jürgen Baden. Höhepunkt des Schützenfestes „ist kein diffuses Narrentreiben, sondern der Umzug durch die Stadt, bei dem es trotz aller Fröhlichkeit korrekt und wohlgeordnet zugeht": der Schützenausmarsch mit Spielmannszügen, Reitergruppen und Festwagen an einem Sonntagmorgen!

„Hannover wirbt mit dem größten Schützenfest der Welt. Dabei müsste jedem vernunftbegabten Menschen klar sein, dass das größte Schützenfest der Welt das stärkste Argument gegen eine Stadt ist", stellt Peter Düker verwundert fest. Schließlich war das Schützenfest schon immer ein Anlass für „allerley Gesöff und Schwelgerey": Weil die Schützen „des Tages über auf dem Schützen-Hauße mit Sauferei und Fressen zugebracht, daselbst auch mehrmals allerhandt Schlägerey und Excesse vorgegangen", wird das Schießen vom Landesherrn immer wieder untersagt. Denn zentrales Brauchtum des Schützenfestes ist ein Getränk namens „Lüttje Lage", eine Kombination aus Bier und Schnaps. Auf das Geschick des Trinkers kommt es hierbei an: Wer es nicht schafft, das kleine Dunkelbierglas zwischen Daumen und Zeigefinger und gleichzeitig das Schnapsglas zwischen Zeige- und Mittelfinger derselben Hand zu klemmen und sich beides parallel einzuflößen, ohne etwas zu verschütten, der ist kein echter Hannoveraner und muss die nächste Runde ausgeben. Dieser Brauch ist nicht ganz einfach – deshalb gibt es viele Runden.

Hermann Löns gießt das 1903 in Verse: „Wir sind die hannöverschen Jäger / O Gotte, was sünd wir for Feger / Wir ziehen mit Musicke / Die Hälfte, die is dicke / Die andre Hälfte ist voll / Die Hitze ist auch zu doll." Löns arbeitet als Lokalredakteur beim *Hannoverschen Anzeiger* und beim *Hannoverschen Tageblatt*. Als scharfer Beobachter und brillanter Erzähler ist Löns vor allem durch seine Glossen und Satiren in den Wochenendbeilagen beliebt. Von ihm stammt auch ein bisher unübertroffener Text zum Schützenfest, heute noch so aktuell wie vor 100 Jahren: „Der Weg zum Schützenfeste ist von einer Unmenge guten Vorsätzen gepflastert. Und diese heißen: Erstens gehe ich zu so was überhaupt nicht hin. Und zweitens nicht zum Freischießen. Und drittens: wenn ich überhaupt hingehe, so bloß der Wissenschaft wegen. Und viertens will ich bloß einmal über den Platz gehen. Und fünftens: wozu soll ich mein Geld verplempern? Aber gute Vorsätze sind kein haltbares Pflaster, und die guten Erinnerungen bleiben immer fester in der Seele backen wie die schlechten. Und man vergißt das enorm negative Finanzresultat des vorigen Jahres, ... man vergißt die durch gewisse Umstände erzwungene vereinfachte Lebensführung und die damit verbundene stramme Haltung und denkt nur: Na, du wirst dieses Mal vorsichtiger sein. Ach ja, so denkt man. Aber das Leben auf dem großen Schießen ist schön, aber teuer; manchmal ist es auch nicht so teuer, dann ist es aber auch nicht so schön. Wer auf den Schützenhof geht mit dem Vorsatze, solide zu sein, der soll da nur weg bleiben. Er amüsiert sich nicht und ärgert andere bloß durch sein hochwohlweises Gesicht. Ent-oder-weder, ist hier die Losung."

46 LEBENSREGELN FÜR DAS FREISCHIESSEN:

§ 1 *Tue Geld in deinen Beutel.*

§ 2 *Und abermals.*

§ 3 *Und noch einmal.*

§ 4 *Und so du eine Tante hast oder einen Onkel, die anpumpfähig sind, erschlage sie vor dem Feste, damit sie nicht durch das Fest in Zahlungsschwierigkeiten kommen und dich nicht etwa um deine gerechten Ansprüche betrügen. […]*

§ 7 *Lasse dir von einem geschickten Schlosser eine trichterähnliche Sache um das Schlüsselloch deiner Haustür machen.*

§ 8 *Desgleichen um das der Korridortür.*

§ 9 *Und der Stubentür. […]*

§ 11 *Nimm dir am Morgen nie vor, abends nicht wieder hinzugehen. Zweck hat's doch keinen. […]*

§ 41 *Hast du am Morgen nach dem Ballsonntag furchtbares Kopfweh, Schwindel, kein Geld, Mattigkeit und Übelkeit, so glaube nicht, daß du die Influenza hast.*

§ 42 *Vermeide es an diesem Tage, in dein Portemonnaie zu sehen; dir könnte noch schlimmer werden […]*

§ 46 *Beherzige meine Worte und schimpfe nicht, wenn es dir infolgedessen schlecht geht.*

Das Schützenfest gibt es immer noch, seine Faszination scheint ungebrochen. 1986 hat es jedoch durch das *Maschseefest* Konkurrenz bekommen. Zum 50-jährigen Bestehen des künstlichen Gewässers das erste Mal begangen, ist es mittlerweile das größte Volksfest in Niedersachsen. Ganze zweieinhalb Wochen dauert von Ende Juli bis Mitte August für Peter Düker der „karnevaleske Spaßterrorismus" am Maschsee, den wir „in erster Linie der vorübergehenden höchst bedauerlichen Landflucht des Regionsproletariats zu verdanken" haben. Ist der Schützenplatz ein abgegrenztes Areal, das man ohne weiteres ignorieren kann, so muss der Hannoveraner sein geliebtes Gewässer an den äußerst raren, lauen Sommerabenden Horden von norddeutschen Sauftouristen überlassen. Das Maschseefest ist zwar aufgeteilt in überschaubare Einheiten, die sich jedoch fast gleichmäßig über den gesamten See verteilen und sich gegenseitig akustisch bekämpfen. Wie zur Messezeit im Frühjahr muss sich der Hannoveraner eine partielle Ausgangssperre verordnen und den Maschsee inklusive angrenzender Südstadt weiträumig umgehen.

Wenn er stattdessen die wenigen schönen Sommerabende lieber in Herrenhausen verbringen möchte, muss er ebenfalls den **Großen Garten** meiden, weil der gleich mehrere Wochen für das *Kleine Fest im Großen Garten* reserviert ist. Diese Kleinkunst-Veranstaltung ist bis auf wenige Restkarten Monate im Voraus ausgebucht – zum Teil wohl auch deshalb, weil der Besucher sich selbst verpflegen darf. Der Besucher bekommt dann einen Lageplan des wirklich großen Gartens, in dem die Spielstätten verschiedenster Darbietungen verzeichnet sind. Ein straffes Zeitmanagement zwingt ihn nun, alle halbe Stunde kreuz und quer durch den Garten zu joggen, um den Beginn der nächsten Veranstaltung nicht zu versäumen. Das gepfefferte Eintrittsgeld für die schwer ergatterten Karten erzeugt große Gewissensbisse, sollte eine der Vorstellungen für ein Picknick geopfert werden müssen. Während der Darbietungen werden daher Stullen ausgepackt, Tupperdosen geöffnet und Weinflaschen entkorkt. Zum Schluss kommt die gehetzte Meute im Parterre zusammen, um den Höhepunkt des Abends zu erleben, eines der äußerst seltenen hannoverschen Feuerwerke.

Zum Abschluss des *Kleinen Festes* gibt es nur ein „kleines" Feuerwerk, eine abgespeckte Version des Barockfeuerwerks, das, seit 1954 zur *Feuerwerksmusik* von Georg Friedrich Händel choreografiert, eine vollendete Einheit mit dem Großen Garten bildet. Die 300-Jahr-Feier des Großen Gartens 1966 endet mit einem besonderen Spektakel aus *Wasser, Licht und leuchtenden Raketen*. Mit Konzerten, Tanzveranstaltungen und Schauspielaufführungen, mit „rhythmischen Spielen" und „lebenden Bildern", einem Lampionboote-Korso auf der Graft und einer Illumination von 60.000 Kerzen im großen Luststück bildet es den Vorläufer des Kleinen Festes.

In den 1990er Jahren genügt das schlichte, aber maßgeschneiderte Barockfeuerwerk nicht mehr und der *Internationale Feuerwerkswettbewerb* wird aus der Taufe gehoben. Nach anfänglichen Verirrungen in Richtung Rockmusik hat sich das Festival gefangen und als feste Institution mit jährlich fünf Feuerwerken etabliert, jedes Jahr von internationalen Spezialisten um neueste Entwicklungen der Pyrotechnik angereichert. Einzigartig ist auch die *Illumination* des Großen

Gartens nach dem Spektakel eines Feuerwerks, wenn die von unten beleuchteten Hecken die von sekundärem Licht verzauberten Brunnen und Fontänen rahmen und dazu die *Wassermusik* von Händel durch den Garten fließt. Die Illumination ist auch ohne Feuerwerk zu haben und ein Muss für Verliebte, Romantiker und alle Hannover-Besucher.

Illuminationen und Feuerwerke haben eine lange Tradition in Hannover. Das Barockfeuerwerk wird erstmals 1668 unter Herzog Johann Friedrich abgebrannt. Anlässlich der wochenlangen Besuche von König Georg III. 1732 und 1740 wird der Garten mit 3000 Lampen und 800 Lampions illuminiert. Im ausgehenden 18. Jahrhundert kommen Illuminationen und Feuerwerke auch bei Hannovers Bürgern in Mode. Mit der Gaststätte *Vauxhall*, wo seit 1769 nachweislich „Promenadenkonzerte mit Gartenbeleuchtung und Feuerwerkseinlagen" abgehalten werden, entsteht am Friederikenplatz ein Typ von Vergnügungslokal, der in Wien erst 20 Jahre später in Mode kommt. Weltberühmt ist im letzten Drittel des 19. Jahrhunderts die abendliche Illumination des Vergnügungslokals *Tivoli* zwischen Königstraße und Schiffgraben. Neben Springbrunnen, illuminierten Veranden und in den Bahndamm integrierten Grotten wird eine „Extra-Gala-Festbeleuchtung" von 40.000 offen in gläsernen Kugeln und Kelchen brennenden Gasflämmchen aus Gasrohren gespeist, die zu Pergolagängen gebogen sind. Gleichzeitig ist aus dem einst privaten Palais und der späteren Gastwirtschaft *Bella Vista* (von 1954–94 Ratsgymnasium, heute Internationale Schule) ein großer Volksgarten geworden, der „durch Sinfonie-Concerte, durch Luftschiffer, Feuerwerk etc. die reichste Abwechslung" bietet.

Ja, Feste feiern kann der Hannoveraner. Und damit er bloß kein Wochenende zu Hause sitzen muss, geben sich die hannoverschen Feste die Klinke in die Hand, überlappen sich oder laufen sogar parallel. Zu einem guten Fest gehört das üppige Essen und Trinken, zu den großen unbedingt ein Feuerwerk, wenn nicht das Feuerwerk die eigentliche Attraktion bildet wie beim gleichnamigen Wettbewerb. Feuerwerke gibt es zum *Frühlingsfest*, zum *Schützenfest* und zum *Oktoberfest*, zum *Maschseefest*, zum *Kleinen Fest* und zum *Stadthallenfest*. „Kulinarische" Festivals heißen *Hannover is(s)t phantastisch*, die *Tafelrunde*, und das *Weinfest*, einen Kater versprechen *Swinging Hannover*, das *Steintorfest* und das *Fährmannsfest*, Dutzende von Stadtteil-, Hof- und Straßenfesten und drei Weihnachtsmärkte. Das größte aller Feste aber ist im Jahr 2000 die **EXPO**: Dient die Weltausstellung vor allem als Vorwand für den Ausbau des Messestandortes und notwendiger Infrastrukturmaßnahmen für die Stadt, so schreckt gerade das Pseudomotto *Mensch-Natur-Technik* die Besucher ab. Die Planung der ersten deutschen Weltausstellung ist einfach zu deutsch geraten: zu gewollt, zu ernst, zu moralisch. Weil der eigentliche Zweck der Unternehmung ja schon im Vorfeld erreicht ist, hat man es versäumt, die Welt darüber aufzuklären, was die EXPO in Wirklichkeit darstellt: fünf Monate Urlaub, eine einzige große Party oder 153 Tage Ausnahmezustand – der vorläufige Höhepunkt in der Geschichte Hannovers.

EXPO-Gelände im Jahr 2000 …

… und heute

50 Sehenswürdigkeiten

Schon Goethe empfiehlt in seiner *Italienischen Reise,* einen Turm oder Berg zu besteigen, um sich Überblick über eine Stadt zu verschaffen. Beginnen sollte man den Hannover-Besuch deshalb mit dem *Neuen Rathaus,* dessen eigentümliche Schönheit spätestens nach der 12-jährigen Bauzeit 1913 aus der Mode ist – wegen der vier Stadtmodelle (besonders dem von 1945) in der Rathaushalle und einem anschließenden, vergleichenden Rundblick von der Kuppel des Hauses. Dahin gelangt man mit Hilfe eines 42 Meter hohen Schrägaufzugs, dessen Kabine sich nach 10 Metern Fahrt zur Seite neigt und die Besucher in einem Winkel von 15° nach oben bringt. Von dort aus ist die Struktur der Stadt gut zu sehen, besonders die Grünkeile von Herrenhausen, der Eilenriede und der Masch, die sich aus drei Richtungen tief in die Innenstadt hineinschieben.

ARCHITEKTUR

1 **MARKTKIRCHE UND ALTES RATHAUS** *(Marktplatz)* ▸ Die eindrucksvolle mittelalterliche Baugruppe lebt vom Kontrast zwischen der schmucklosen Wucht der Kirchenwand und dem reichen Fassadenrelief des Rathauses, das jedem Vergleich mit hanseatischer Baukunst standhält. Die mächtige Marktkirche übertrifft in ihrer Strenge die verwandten Lübecker und Lüneburger Kirchen und wirkt allein durch ihre Baumasse. Deren Wirkung wäre noch gesteigert worden, wenn der gewaltige Turm den geplanten Helm erhalten hätte, der aus Geldmangel nur als verkleinerter Dachreiter ausgeführt wurde.

2 **PROPSTEIKIRCHE ST. CLEMENS** *(Goethestraße 33)* ▸ Die katholische Hauptkirche Hannovers ist der exotischste Barockbau der Stadt. 1711–18 ebenfalls aus Geldmangel ohne Kuppel und Türme errichtet, die auf dem Baumodell des Venezianers Tommaso Giusti im Historischen Museum zu sehen sind. Während viele Gebäude im Krieg ihre Kuppeln einbüßen, wird die anschließend errichtete Kuppel der Clemenskirche erst in der Nachkriegszeit zu einem wichtigen Bestandteil der Stadtsilhouette. Das Zusammenspiel zwischen barockem Baukörper und der Dachlandschaft im Stil der 50er Jahre erzeugt ein eigentümliches, fast surreales Gebilde (Abb. S. 17).

3 **OPERNHAUS** *(Opernplatz)* ▸ Das kubische Theater (1845–52, S. 27, 48, 96, Abb. S. 26) ist das Hauptwerk des klassizistischen Hofbaumeisters Georg Ludwig Friedrich Laves, der Hannover in der 1. Hälfte des 19. Jahrhunderts mit über 40 Bauwerken bestückt. Zu den wenigen erhaltenen Bauten zählen das *Leineschloss* (S. 25), die *Waterloosäule* (S. 110), der *Bibliothekspavillon* (S. 87, Abb. S. 86) und das *Mausoleum* (37, Abb. S. 48) in Herrenhausen, das elegante *Wangenheimpalais* (Abb. S. 117) mit seinem halbrunden Wintergarten und daneben Laves' *zweites Wohnhaus* mit dem aufwendigen Treppenhaus, heute Sitz der Architektenkammer Niedersachsen (S. 21, Abb. S. 21).

4 **BAHLSENS KEKSFABRIK** *(Podbielskistraße 11)* ▸ 1911 von Karl und August Siebrecht errichtet, fügt sich der lebendige Jugendstilbau harmonisch in die umgebende Wohnbebauung ein (S. 55–57). Die mächtige Front erhält durch Türme mit kupfernen Kuppeln an beiden Seiten einen plastischen Abschluss. Die Travertinfassade ist reich geschmückt, am Knick der Podbielskistraße sind die *Brezelmänner* von Georg Herting als weithin sichtbares Signet angebracht (Abb. S. 56 und 59). Auch der *Hexenfries* und der *Hänsel und Gretel-Brunnen* an der Rückseite des sachlichen Fabrikbaus in der Lister Straße stammen aus seiner Hand.

5 **HINDENBURG-SCHLEUSE** *(An der Schleuse)* ► Eine der größten Schleusen in Europa ist nach dem Reichspräsidenten Paul von Hindenburg benannt, der sie 1928 einweihte. Neben der Technik der Doppelschleuse mit ihren 225 Metern Länge, 12 Metern Breite und 15 Metern Hubhöhe beeindrucken die 20 rostroten, kubischen Ventilhäuser mit Pyramidendächern als architektonisches Ensemble (Abb. S. 10).

6 **ANZEIGER-HOCHHAUS** *(Goseriede 9)* ► 1926–28 von Fritz Höger als Verlagshaus des *Hannoverschen Anzeigers* errichtet, ist Hannovers erstes Hochhaus (51 m) ein Übergangswerk zwischen Expressionismus und Art Deco, eine dramatische vertikale Gebärde, die mit der 12 Meter hohen Kuppel abschließt. Unter der Kuppel befand sich anfangs ein Planetarium, seit 1949 zeigen dort die *Hochhaus-Lichtspiele* gehobene Filmkunst. Sehenswert ist die rekonstruierte Schalterhalle, deren weiche Stromlinien in einer bugartigen Spitze auslaufen, wo hunderte Soffittenlampen den festlichen Eindruck eines Sakralraums erzeugen. (S. 42, 60, 73–74, 98, Abb. S. 74)

7 **HEINEMANNSTIFT** *(Heinemannhof)* ► Zu den herausragenden Bauten der 20er Jahre zählt auch das ehemalige Damenstift an der Brabeckstraße (1931), der letzte Großbau von Henry van de Velde, dem Großmeister des Jugendstils: Höhepunkt der plastischen Architektur ist die geradezu rhythmisch gegliederte Südfassade, die als vor- und zurückspringende Terrassenlandschaft angelegt ist. Die einstige Wechselbeziehung zum umgebenden Parkgelände ist heute durch Neubauten zerstört. (S. 75, Abb. S. 70, weitere Bauten der 20er Jahre siehe S. 74–75)

8 **VILLA STICHWEH** *(Alleehof 4)* ► Für den Färbereibesitzer Stichweh entwarf Walter Gropius 1952/53 ein schlichtes Wohnhaus im gemäßigten Bauhaus-Stil. Auffällig sind der Wechsel zwischen gelben Ziegel- und hellen Putzflächen, die sehr schmalen Fensterbänder und das auf dünnen Metallsäulen abgestützte Dach, vor allem die bescheidenen Proportionen dieser „Villa". Ein Anbau aus den 70er Jahren fügt sich gut ein, im „Altbau" sind Küche, Garderobe und der offene Wohnbereich erhalten. Heute sitzt hier der Bund Deutscher Architekten (S. 75, 95, Abb. S. 65).

9 **GEHRY-TOWER** *(Goethestraße 13a)* ► Für die hannoverschen Verkehrsbetriebe setzte Frank O. Gehry 2001 mitten in Hannovers Rotlichtviertel einen 33 Meter hohen Fremdkörper aus Edelstahl. Steht der Name Gehry in erster Linie für „Architekturplastiken" mit komplexen Formen und dramatischen Gebärden, so ist der hannoversche Turm ein vergleichsweise schlichtes Bauwerk: Kein geborstener oder gequetschter Körper, sondern ein einfacher Quader, der lediglich durch Stauchen und Verdrehen um die lotrechte Mittelachse zur jetzigen Gestalt verzogen wird.

10 **EHEMALIGES EXPO-GELÄNDE** ▸ Von der einstigen Pracht der Weltausstellung zeugen nur noch wenige Bauruinen, wie die „gestapelten Landschaften“ des niederländischen Pavillons von MVRDV (Abb. S. 122–123) oder die maroden Länderpavillons von Ungarn, Spanien und Litauen (S. 123). Verloren steht der futuristische *Bertelsmann*-Pavillon an der Plaza und das gigantische Holzdach (Abb. S. 95) auf dem Messegelände, die Fußgängerbrücken von gmp (Abb. S. 7) verbinden nichts mehr miteinander. Doch noch immer lohnt der Gang über das Gelände mit seiner morbiden Atmosphäre und seinen bemerkenswerten Grünlagen (29).

KUNST

11 KUNSTVEREIN *(Sophienstraße 2)* ▸ 175 Jahre alt ist der Kunstverein 2007 geworden. Seit 1856 befindet er sich im ältesten hannoverschen Museumsbau, dem heutigen Künstlerhaus von Conrad Wilhelm Hase. Zum Jubiläum wurde vor (!) dem Museumsportal ein Lüster installiert, der bei Veranstaltungsbeginn zu schwingen beginnt (Abb. S. 29). Die Ausstellungen des einst sehr konservativen Vereins (S. 30, 58) sind heute denen der Kestner-Gesellschaft (**14**) mindestens ebenbürtig. Beide Häuser zeigen Wechselausstellungen zu aktuellen Strömungen moderner Kunst in vergleichbar schönen Räumen.

12 KESTNER-MUSEUM *(Trammplatz 3)* ▸ Um beim Wiederaufbau die problematische Nahtstelle zwischen Alt- und Neubau zu umgehen, stülpt Werner Dierschke 1958–61 über das Museum eine homogene Hülle aus Glasbetonsteinen (Abb. S. 23) und erzeugt so ein architektonisches Kuriosum: Der Sandsteinportikus der alten Hauptfassade am Friedrichswall steht nun im Innern und erscheint selbst als Exponat. 1889 für die Sammlung von August Kestner errichtet, ist das Haus heute ein bedeutendes Kunstgewerbemuseum (S. 23).

13 NIEDERSÄCHSISCHES LANDESMUSEUM *(Willy-Brandt-Allee 5)* ▸ Verschiedene bürgerliche Vereine gründeten Mitte des 19. Jahrhunderts ein Museum, zogen 1856 in das Künstlerhaus und 1902 in den Neubau des *Provinzialmuseums*. Das heutige Landesmuseum beherbergt seitdem eine Naturkunde-, eine Völkerkunde- und eine Urgeschichts-Abteilung sowie die Landesgalerie mit ihrer bemerkenswerten Kunstsammlung vom Mittelalter bis zum ausgehenden 19. Jahrhundert. Schwerpunkte der Sammlung bilden die italienische und deutsche Renaissance, das niederländische Barock, die Romantik und der deutsche Impressionismus (S. 24, 31, 55, 57, 66).

14 KESTNER-GESELLSCHAFT *(Goseriede 11)* ▸ 1916 gegründet in der Königstr. 8, ab 1948 in der Warmbüchenstr. 16 (heute Stiftung Ahlers Pro Arte / Kestner Pro Arte (**17**)), befindet sich der renommierte Kunstverein seit 1997 im ehemaligen Goseriedebad (1902–05) von Carl Wolff, einem organischen Jugendstilbau mit aufwendigem Fassadenschmuck (Abb. S. 62): Pflanzen und Wesen aus der Wasserwelt verweisen auf die einstige Nutzung des Hauses, das neben drei Schwimmhallen und diversen Dampfbädern auch ein Hundebad, einen Frisiersalon und eine Wirtschaft enthielt. Die Umnutzung des historischen Baudenkmals zum modernen Ausstellungshaus ist besonders gelungen (S. 24, 30, 44, 58, 60, 63, 66, 68–69, 72–73, 95, 112).

15 WILHELM-BUSCH-MUSEUM *(Georgengarten 1)* ▸ 1937 eröffnet, seit 1950 im ehemaligen Wallmodenpalais (S. 84) untergebracht, umfasst die Sammlung des „Deutschen Museums für Karikatur und kritische Grafik" heute rund 20.000 Zeichnungen, allein von Wilhelm Busch besitzt das Haus 330 Ölbilder, 1.200 Zeichnungen und 2.000 Zeichnungen zu seinen Bildgeschichten. Ein Teil seines Werkes ist ständig zu sehen, besonderes Zugpferd des Hauses sind jedoch die großen Werkschauen zeitgenössischer Karikaturisten (S. 31, 84).

16 SPRENGEL-MUSEUM *(Kurt-Schwitters-Platz)* ► Das moderne Kunstmuseum für die Sammlung des Schokoladenfabrikanten Sprengel ist in einen künstlichen Hügel eingelassen, „Rückgrat" des Hauses ist die *Museumsstraße* – eine schluchtartige Passage, die durch das gesamte Gebäude führt und Tageslicht ins Untergeschoss holt. Ineinander verschränkte Geschosse ermöglichen Beziehungen zwischen verschiedenen Teilen der Sammlung. Schwerpunkte der klassischen Moderne sind Expressionismus, Surrealismus und Neue Sachlichkeit, größere Werkgruppen gibt es von Klee, Nolde, Beckmann, Ernst, Schwitters und Niki de Saint Phalle (**18**) (S. 55, 61, 65–66, 110).

17 STIFTUNG AHLERS PRO ARTE / KESTNER PRO ARTE *(Warmbüchenstraße 16)* ► Im zwischenzeitlich umgebauten Nachkriegsdomizil der Kestner-Gesellschaft (**14**) residiert seit 2005 die Stiftung des Herforder Kaufmanns Jan A. Ahlers. Ausstellungen zur klassischen Moderne, Konzerte, Vorträge und Lesungen knüpfen seitdem an die Tradition der Kestner-Gesellschaft an und bereichern die hannoversche Ausstellungslandschaft zur modernen Kunst um weitere Facetten (S. 24, Abb. S. 24).

18 NANAS *(Leibnizufer)* ► Höhepunkt und Finale des *Experiments Straßenkunst* war die Aufstellung der drei drallen Damen (S. 110), die 1974 einen Skandal erregte (Abb. S. 109, 115). 30 Jahre später sind sie so etwas wie die fröhlichen Maskottchen der Stadt. Heute ist Hannover eine regelrechte Niki de Saint Phalle-Stadt: in Herrenhausen steht ihr letztes großes Werk, die Ausgestaltung der Grotte im Großen Garten (**20**), im Sprengel-Museum (**16**) befindet sich ihr Vermächtnis von annähernd 400 Arbeiten – die größte Niki-Sammlung der Welt. 2002 wurde die unterirdische Ladenpassage *Passerelle* nach ihr benannt (S. 38–39).

19 BUSSTOPS ► Seit 1994 schmücken 9 eigenwillige Haltestellen von namhaften Designern die Innenstadt – die Busstops von Ettore Sottsass (Königsworther Platz), Alessandro Mendini (Steintor), Jasper Morrison (Aegidientorplatz), Massimo Iosa Ghini (Friedrichswall, Abb. S. 117), Heike Mühlhaus (Sprengel-Museum), Frank O. Gehry (Braunschweiger Platz, Abb. S. 12), Oscar Tusquets Blanca (Stadthalle), Andreas Brandolini (Leinaustraße) und Wolfgang Laubersheimer (Nieschlagstraße). Von Ghini stammt auch die Neugestaltung der U-Bahn-Station Kröpcke (Abb. S. 13), von Jasper Morrison das Design der silbernen Stadtbahn, von Gehry der *üstra*-Tower (**9**) und von Mendini die Fassade Stiftstraße/Ecke Lange Laube (S. 12, 117).

20 **GROTTE IM GROSSEN GARTEN** ▸ Die Fertigstellung ihres letzten großen Werks durfte Niki de Saint Phalle nicht mehr erleben: Nur etwa eine Woche, bevor sie im November 2001 in die Klinik eingeliefert wurde, die sie nicht mehr verlassen sollte, legte sie letzte Details für die Ausgestaltung der Grotte fest. Deshalb konnten die Arbeiten trotz ihres Todes am 22. Mai 2002 zu Ende geführt und die drei Räume 2003 eröffnet werden. Über 40 Figuren aus vielen Schaffensperioden sind hier versammelt und ziehen ein Resümee ihres Gesamtwerks (S. 93).

GARTENKUNST

21 HERRENHÄUSER GÄRTEN ▸ *Die* hannoversche Sehenswürdigkeit, die einzigartige Trilogie von dem barocken *Großen Garten*, dem romantischen *Georgengarten* und dem botanischen *Berggarten*, wird auch in diesem Buch gebührend gewürdigt. (S. 14–15, 17, 72, 78 ff, 91, 96, 110, 120, Abb. S. 15–16, 47–48, 79–83, 85–87, 97, 105)

22 TIERGARTEN ▸ Das 1679 angelegte, einstige Jagdrevier des Hofes enthält nur heimisches Wild, für exotische Tiere gibt es den Zoo. Anziehungspunkt des mehr als 100 Hektar großen Parks sind weniger die Tiere als der jahrhundertealte Bestand an Solitärbäumen – mächtigen Eichen, ausladenden Kastanien und skurril gewachsenen Hainbuchen (Abb. S. 78).

23 HINÜBERSCHER GARTEN ▸ Etwa zeitgleich mit dem Wallmodengarten, der Keimzelle des heutigen Georgengartens, legte Jobst Anton von Hinüber in den 1760er Jahren in Marienwerder bei Garbsen einen der ersten deutschen Landschaftsgärten nach englischem Muster an. Das Herzstück der einst 35 Hektar großen Anlage zwischen Klosterforst und Leineaue ist weitgehend erhalten, von den Staffagen stehen heute noch ein Obelisk, eine Gedächtnisurne und eine künstliche Klosterruine (S. 78).

24 LINDENER BERGFRIEDHOF ▸ Blau, soweit das Auge reicht: Zur Scilla-Blüte im Frühjahr rund um den Küchengartenpavillon (S. 105, Abb. S. 106) auf dem Lindener Friedhof gibt es mittlerweile ein eigenes Fest auf dem Lindener Marktplatz. Gleich neben dem Friedhof lockt zwischen Hochwasserbehälter und dem Turm der Lindener Mühle der stilvollste hannoversche Biergarten, gegen Abend der hannoversche Jazzclub (44) nebenan.

25 MASCHPARK ▸ Mitten in der Stadt liegt seit 1900 der kleine Park um den zentralen Maschteich. Ein Rundweg, der den Windungen des Teiches folgt, verbindet ganz unterschiedliche Gartenpartien miteinander. Die künstliche Geländemodellierung mit weiten Rasenflächen und kulissenartigen Baumgruppen setzt Rathaus und Landesmuseum (13) wirkungsvoll in Szene. Der sperrige Name *Park der Partnerstädte* konnte sich nie durchsetzen (S. 88).

26 STÖCKENER FRIEDHOF ▸ Wie der Maschpark, so stammt auch der zweite Bauabschnitt des Stöckener Friedhofs von Gartendirektor Julius Trip und wie dort wird der Teich zum zentralen Element des Parkfriedhofs. Die Grabmale sind wie Staffagen in die Landschaft eingebettet, die Konfrontation mit dem Tod wird zu einer zufälligen Begegnung. Der Besuch lohnt besonders im Frühjahr zur Blüte der zahlreichen Rhododendren, Azaleen und Magnolien um den See.

27 **STADTHALLENGARTEN** ▸ Als Hannover noch größtenteils in Trümmern lag, fand hier 1951 die erste deutsche Bundesgartenschau statt. In diesem Schaugarten der 30er und 50er Jahre hat sich seitdem wenig verändert: auch das zierliche *Rosencafé* ist erhalten. Dahinter befindet sich seit 1996 ein japanischer Teegarten, ein Geschenk der Partnerstadt Hiroshima. Eine große Anzahl Plastiken ist über den gesamten Garten verteilt (S. 76, 95, 112).

28 **HERMANN-LÖNS-PARK** ▸ 1938 als Verbindung zwischen Eilenriede und Tiergarten angelegt, ist der 100 Hektar große Park eine seltsame Mischung aus idealisierter Landschaft und einem Volkspark mit Freizeitanlagen: Den Mittelpunkt der „ursprünglichen" Auenlandschaft bildet ein niedersächsisches Freilichtmuseum mit Bauernhof, Speicher und Mühle. Das Ensemble ist umgeben von Spiel- und Liegewiesen, einem Freibad und einer Kleingartenanlage (S. 106).

29 **GÄRTEN AUF DEM EXPO-GELÄNDE** ▸ Zu den abwechslungsreich gestalteten „Grünfingern" der EXPO gehören auf dem Westgelände die *Parkwelle* als schmaler Ausschnitt eines Landschaftsparks (Abb. S. 77), der *Erdgarten* mit Rasenkegeln und die 1 km lange vierreihige *Allee der vereinigten Bäume* mit 273 verschiedenen Gattungen. Auf dem Ostgelände befinden sich die *Gärten im Wandel*, ein 700 Meter langer Grüngürtel entlang eines imaginierten Flusslaufs von der Quelle (Wasserfall) bis zur Mündung (See), bzw. von *BMW* zu *IKEA*. Dort schließt sich der weitläufige *EXPO-Park Süd* an.

30 **KÜNSTLICHER BIRKENWALD** *(Aegidientorplatz)* ▸ Der stilisierte „Birkenwald" auf einer Verkehrsinsel mitten auf dem überdimensionierten Aegidientorplatz wurde 2006 von Studierenden der Landschaftsarchitektur gestaltet. Die grün bedruckten „Windbeutel" auf schwarz-weiß gesprenkelten Stangen schwenken auf dem zugigen Platz mal im Gleichtakt, mal gegenläufig im Wind und verkürzen die Wartezeit auf dem regelmäßig verstopften Verkehrsknotenpunkt.

DENKMÄLER UND GRABSTÄTTEN

31 ALTER NIKOLAIFRIEDHOF ▸ Der über 700 Jahre alte St. Nikolai-Friedhof wird seit 1953 durch die vierspurige Celler Straße in zwei Teile zerschnitten. Ein Drittel der historischen Fläche ging dabei verloren, von den einst 650 Grabsteinen stehen heute nicht einmal mehr die Hälfte! Hier liegt der Dichter Ludwig Hölty. Sein Grab ist nicht erhalten, stattdessen bekam er 1901 ein Denkmal mit einem bronzenen Jüngling (S. 46).

32 NEUSTÄDTER FRIEDHOF ▸ Auch der 350 Jahre alte Neustädter Friedhof wurde 1953 beim Bau der *Continental*-Verwaltung am Königsworther Platz verkleinert. Wie beim Nikolaifriedhof liegen auch bei diesem aufgelassenen Parkfriedhof die Geschichte und die Moderne, das Hektische und Friedliche direkt beieinander. Hier ruhen der Schriftsteller Johann Georg Zimmermann und der Komponist Heinrich August Marschner (nicht erhalten).

33 ALTER JUDENFRIEDHOF ▸ Der um 1550 angelegte Judenfriedhof ist nicht annähernd so groß wie der berühmte Prager Friedhof, aber nicht weniger eindrucksvoll. Dieser fremde und verzauberte Ort ist nicht zugänglich, aber von außen komplett einzusehen, denn das beengte Gelände wurde in 300 Jahren zu einem markanten Hügel voll dicht gedrängter Grabsteine aufgeschichtet. Hier liegen die Großeltern von Heinrich Heine sowie Jente Hameln, die gemeinsame Vorfahrin des Komponisten Felix Mendelssohn-Bartholdy und der Schriftsteller Heinrich Heine, Carl Sternheim und Theodor Lessing (Abb. S. 41).

34 JUDENFRIEDHOF AN DER STRANGRIEDE ▸ Auf dem jüngeren jüdischen Friedhof liegt Joseph Berliner, der mit seinem Bruder Emil in der Kniestraße die ersten Schallplatten der Welt herstellte. Auch dieser Friedhof ist beeindruckend und nicht wesentlich größer als der alte: als Hinterhof eines Häuserblocks ist er auf drei Seiten von Bebauung umgeben.

35 GARTENFRIEDHOF ▸ Die schönsten historischen Grabmale stehen auf dem verwunschenen Gartenfriedhof. Hier liegen die Astronomin Caroline Herschel und Goethes Muse Charlotte Kestner (S. 22). Ihr Grabmal gestaltete Hofbaumeister Ludwig Laves (Abb. S. 22). Das Grab des Schriftstellers Johann Hermann Detmold hat sich nicht erhalten.

36 ENGESOHDER FRIEDHOF ▸ Der schönste hannoversche Parkfriedhof ist der Stöckener Friedhof (26), der Engesohder Friedhof besticht dagegen durch imposante Alleen und aufwendige Mausoleen. Hier liegt die kulturelle Prominenz: der Flugpionier Karl Jatho, der Kaufmann und Mäzen Ludwig Roselius, die Tänzerin Yvonne Georgi, der Intendant Ludwig Barnay, die Sammler Georg und Hermann Kestner, die Architekten Ludwig Laves und Conrad Wilhelm Hase, die Schriftsteller Albrecht Schaeffer und Karl Krolow sowie die Künstler Ernst von Bandel, Ludwig Vierthaler und Kurt Schwitters (40).

37 **MAUSOLEUM IM BERGGARTEN** ▸ Das mit Marmor ausgekleidete Herrenhäuser Mausoleum ist einschließlich der Allee noch im Besitz des Welfenhauses und daher nicht öffentlich zugänglich (Abb. S. 48). Hofbaumeister Ludwig Laves errichtete es 1842 für Königin Friederike, Vorbild für den Bau war das Charlottenburger Mausoleum, das Schinkel für ihre Schwester Luise errichtete. Beide sind verewigt im *Prinzessinnendenkmal* am Ende der Yorckstraße (S. 48).

38 **DENKMÄLER FÜR KURFÜRSTIN SOPHIE** ▸ Im Herrenhäuser Mausoleum liegt auch Kurfürstin Sophie, gestorben ist sie nur wenige hundert Meter entfernt im Großen Garten, am 8. Juni 1714 gegen 18 Uhr. Dort hat man ihr ein überlebensgroßes Marmorbildnis errichtet – mit ernstem Blick schaut sie in die Ferne, ein Buch in der gesenkten Hand. Nur einen Steinwurf entfernt steht ihr keckes Jugendbildnis – statt des Buches mit einem Fächer (S. 47, 104).

39 **LEIBNIZTEMPEL** ▸ Die Grabstätte des großen Universalgelehrten, der 40 Jahre in Hannover verbrachte, befindet sich in der Neustädter Kirche, sein Denkmal, der Leibniztempel, im Georgengarten (Abb. S. 47, 85, Umschlag). Zu weiteren seiner zahlreichen über die Stadt verteilten Konterfeis und dem geradezu inflationären Gebrauch seines Namens siehe S. 46, Abb. S. 43.

40 **DENKMAL FÜR KURT SCHWITTERS** ▸ Zum Andenken an den größten künstlerischen Sohn der Stadt hat eine Bürgerinitiative eine große Bronzeplatte mit Schwitters´ kurzer Hannover-Ode in das Pflaster der Knochenhauerstraße eingelassen. „Hannover strebt vorwärts, und zwar ins Unermeßliche", heißt es da. „Man kann ja nie wissen", steht auf Schwitters´ Grabstein auf dem Engesohder Friedhof, seinem zweiten: 1970 wurden seine sterblichen Überreste von Ambleside nach Hannover überführt. Ein Raum seines zerstörten Hauptwerks, dem *Merzbau*, wurde im Sprengel-Museum rekonstruiert (S. 64, 65).

INSTITUTIONEN

41 **GARTENTHEATER HERRENHAUSEN** ▸ Das älteste erhaltene Heckentheater Deutschlands verfügt über eine unvergleichliche Atmosphäre, ist ein Theater im Freien, aber keine Naturbühne, sondern selbst ein Kunstwerk. Es bildet mit seinen vergoldeten Statuen in beschleunigter Perspektive den Höhepunkt des Großen Gartens (Abb. S. 16). Der stilvolle Rahmen für klassische Komödien ist dabei wichtiger als der Inhalt der Stücke (S. 17, 82, 96–97).

42 **HOLLÄNDISCHE KAKAOSTUBE** ▸ Das letzte traditionelle Caféhaus mit Konditorei geht auf das „Cacao-Probe-Local" des Holländers van Houten von 1895 zurück. 1921 von Konditormeister Friedrich Bartels übernommen, 1928 von der Ständehausstr. 6 in das gegenüberliegende Haus Nr. 2 verlegt und zwei Jahre später erweitert, besteht es seit 1952 in der heutigen Form: im heimelig-holländischen Stil mit Delfter Kacheln und Täfelung in geflammter Birke. Sonntags ist die Institution bedauerlicherweise geschlossen (S. 55).

43 **STRANDBAD** ▸ Das Filetstück das Maschsees liegt an seinem Südende, wo der See am breitesten ist. Hier entstand als Hauptattraktion des Sees das Strandbad mit Sandstrand, Badesteg und Aussichtsturm, der im Zuge des Umbaus zu einem Wellness-Tempel wieder errichtet werden soll. In Liegestühlen und auf Strandsofas im Sand mit Blick Richtung Stadt und Sonnenuntergang – schöner lässt sich der hannoversche Feierabend nicht denken (S. 89, Abb. S. 90–91).

44 **JAZZ CLUB** *(Am Lindener Berge 38)* ▸ Der hannoversche Jazz Club gilt als einer der wichtigsten in Europa, 2006 feierte er sein 40-jähriges Bestehen. Die Liste der Musiker, die im "Orange Club" aufgetreten sind, liest sich wie das Who is who der Jazzgeschichte. Auch verwandte Musikrichtungen wie Latin, Funk und Soul kommen hier neuerdings zu ihrem Recht. Immer freitags und montags öffnet sich der verwinkelte, knallorange Keller mit seiner einzigartigen Atmosphäre, wo die Luft dünn ist und die Künstler zum Greifen nah sind (S. 71, 115).

45 **FLOHMARKT** ▸ 1967 fand der erste deutsche Flohmarkt in Hannover statt, damals noch auf dem Holzmarkt. An den Ufern der Leine ist er besser aufgehoben – wenn die Sonne scheint ein unumgänglicher Programmpunkt für den Sonnabend Mittag (S. 115, Abb. S. 115). Ausklingen lassen sollte man den Flohmarktbesuch im Sommer auf dem romantischen Ballhofplatz – der einzigen hannoverschen „Piazza", an der mit Ausnahme des Ballhofs nichts älter als 70 Jahre ist: Erst Mitte der 30er Jahre wurde der Platz bei einer „Altstadtsanierung" angelegt. Hier wird dann vor dem *Teestübchen* entspannter Jazz gespielt.

46 **PLÜMECKE** *(Voßstraße 39)* ▸ Seit über 40 Jahren ist hier alles bei Alten geblieben: resolute Bedienung, günstige Preise, übersichtliche „Speisekarte“: Man kommt hierher wegen Currywurst und Bratkartoffeln. Ab 19 Uhr ist das Lokal mit dem Charme einer Bahnhofsgaststätte bis auf den letzten Platz gefüllt und leistet sich den Luxus, Sonnabends und Sonntags geschlossen zu bleiben. Wer ein vertrauliches Gespräch oder ein romantisches tête a deux sucht, sollte nicht unbedingt in die „Plümme“ gehen: Chefin Brigitte pfercht die Gäste regelrecht zusammen, schichtet auch schon mal um. Weil man dem Nebenmann buchstäblich auf der Pelle hockt, kommt man zwangsläufig ins Gespräch.

47 **DITHMARS KAUFHAUS** *(In der Steinriede 7)* ▸ „Das etwas andere Kaufhaus“ von Renate Dithmar in dem Hinterhofgebäude einer ehemaligen Wäscherei ist weniger ein Laden als ein Phänomen: eine Ramsch-Fundgrube auf zwei Etagen, auf mehr als 700 Quadratmetern. Hier findet man so ziemlich alles, was bei Haushaltauflösungen anfällt: Im besten Falle Trödel, keine Antiquitäten, manchmal einen Design-Klassiker. In erster Linie aber Dinge, die die Welt nicht braucht, die sie verstoßen hat und seitdem verleugnet, ästhetische und stilistische Verbrechen jeder Gattung und Epoche, alles fein säuberlich nach Sparten sortiert.

48 **KANAPEE** *(Edenstraße 1)* ▸ „Erwin Schütterles Wein- und Konzertstube“ feierte im Oktober 2006 ihr 25-jähriges Bestehen. Das „Wohnzimmerlokal“ für Konzerte, Lesungen und Kabarett ist auf 60 Gäste ausgelegt, meist sind es doppelt so viel. Hauptsache, man kommt überhaupt hinein. Deshalb sollte man reservieren, etwa eine Stunde vor Konzertbeginn erscheinen und die Spezialitäten aus der Küche bestellen: Während des Konzertes wird die Tür geschlossen und die Gastronomie ausgesetzt, um die Darbietungen nicht zu stören.

49 **KINO IM SPRENGEL** *(Schaufelder Straße 30)* ▸ Seit 1988 gibt es das alternative Kino auf dem einst berüchtigten Sprengel-Gelände in Hannovers Nordstadt. Aus der ambitionierten Stadtteilkultur hat sich ein seriöses Kino entwickelt, das mittlerweile etablierte Programmkinos in den Schatten stellt und regelmäßig Preise einheimst. Das Kino mit seiner ganz eigenen Wohnzimmeratmosphäre wird nur 1–2 Mal in der Woche bespielt, das Programm reicht von raren Streifen für Cineasten bis zu skurrilen Kurzfilmabenden.

50 **CUMBERLANDSCHE GALERIE** *(Prinzenstraße 9)* ▸ Hinter dem exotischen Namen verbirgt sich eigentlich „nur“ das Treppenhaus der einstigen Gemäldegalerie des Herzogs von Cumberland, eine Treppe, die heute nirgends mehr hinführt: Hier ist der Weg im wahrsten Sinne des Wortes das Ziel. Die opulente, dreiläufige Treppe mit chorartigem Anbau und gusseisernen Stützen wurde in ihrem morbiden Charme erhalten und dient seitdem als Spielort für Theaterstücke, Lesungen, Filmabende und jeden Freitag als Tanzclub.

LITERATUR

(Auswahl)

von Alvensleben, Udo / Reuther, Hans, Herrenhausen.
Die Sommerresidenz der Welfen, Hannover 1966

Böttcher, Dirk / Mlynek, Klaus / Röhrbein, Waldemar R. / Thielen, Hugo,
Hannoversches Biographisches Lexikon, Hannover 2002

Burkhardt, Ehrengard,
Hannover. „Sonntags-Spaziergänge". Führer zur Architektur und Kunst im öffentlichen Raum, Petersberg 2003

Dannowski, Hans Werner,
Dann fahren wir nach Hannover. Ansichten und Eindrücke aus einer Stadt, Hannover 2000

Dannowski, Hans Werner,
Hannover – weit von nah. In Stadtteilen unterwegs, Hannover 2002

Dorner, Alexander,
100 Jahre Bauen in Hannover, Hannover 1931

Dorner, Alexander,
100 Jahre Kunst in Hannover 1750 bis 1850, Hannover 1932

Ertel, Rainer Roesener, Ernst-Friedrich,
Brunnen in Hannover. Wasserspiele und Brunnen in ihren Stadtteilen, Hannover 1998

Evertz, Gerhard *(Hg.),*
Ein Club macht Jazz. 25 Jahre Jazz Club Hannover, Hannover 1991

Gehrig, Ulrich *(Hg.), Hundert Jahre Kestner-Museum Hannover 1889 bis 1989, Hannover 1989*

Görner, Veit *(Hg.),*
Kestner-Chronik, Bd. 1 2007

Grape-Albers, Heide *(Hg.),*
Bernhard Hoetger. Bildwerke 1902 bis 1936, Hannover 1994

Hammer, Sabine,
Oper in Hannover, Hannover 1990

Hesse, Franz Hinrich, *Hannoversche Wahrzeichen. Ein Nachschlagewerk und heimatkundlicher Führer, Hannover 1953*

Johaentges, Karl / Iwannek, Udo / Narten, Michael,
Hannover ist die schönste Stadt der Welt, Hannover 2005

Jorns, Marie, *August Kestner und seine Zeit 1777-1853, Hannover 1964*

Katenhusen, Ines, *Kunst und Politik. Hannovers Auseinandersetzung mit der Moderne in der Weimarer Republik, Hannover 1998*

Klein, Diethard H. / Grohmann, Herbert *(Hg.),*
Hannover – Ein Lesebuch. Die Stadt Hannover einst und jetzt in Sagen und Geschichten, Erinnerungen und Berichten, Briefen und Gedichten, Husum 1987

Knocke, Helmut / Thielen, Hugo,
Hannover Kunst- und Kulturlexikon, Hannover 1994

Lange, Rudolf, *Kleiner Spaziergang durch Hannovers Theatergeschichte, Hannover 1994*

Lindau, Friedrich, *Planen und Bauen der fünfziger Jahre in Hannover, Hannover 1998*

Lindau, Friedrich, *Hannover. Wiederaufbau und Zerstörung, Hannover 2001*

Meyer, Karl H., *Königliche Gärten. Dreihundert Jahre Herrenhausen, Hannover 1966*

Meußling, Dirk / Grimm, Imre,
Das neue Hannover, Hannover 2002

Mlynek, Klaus / Röhrbein, Waldemar R. *(Hg.),*
Hannover Chronik, Hannover 1991

Morawietz, Kurt *(Hg.),*
Festliches Herrenhausen. Musik und Theater im königlichen Garten, Hannover 1977

Orchard, Karin / Schulz, Isabel, *Merzgebiete. Kurt Schwitters und seine Freunde, Ausstellungskatalog Sprengel Museum Hannover, Köln 2006*

Rischbieter, Henning, *Hannoversches Lesebuch, oder: was in Hannover und über Hannover geschrieben, gedruckt und gelesen wurde, 2 Bd., Hannover 1975 u. 1978*

Rischbieter, Henning, *Die Zwanziger Jahre in Hannover, Hannover 1962*

Röhrbein, Waldemar R., *Der Maschsee in Hannover, Hannover 1988*

Röhrbein, Waldemar R. / Zankl, Franz R., *Hannover im 20. Jahrhundert. Aspekte der neueren Stadtgeschichte, Hannover 1981*

Romain, Lothar *(Hg.), Busstops. Internationales Designprojekt 1994, Hannover 1994*

Ruthenberg, Peter *(Hg.), Anzeiger – Wie Fritz Högers Anzeiger-Hochhaus zum Mittelpunkt des neuen Kunst- und Medienzentrums an Hannovers Goseriede wurde, Hannover 1997*

Schmied, Wieland, *Wegbereiter zur modernen Kunst. 50 Jahre Kestner-Gesellschaft, Hannover 1966*

Sievers, Heinrich, *Hannoversche Musikgeschichte, Tutzing 1979 (Bd. 1) und 1984 (Bd. 2)*

Schröder, Hiltrud *(Hg.), Sophie & Co. Bedeutende Frauen Hannovers, Hannover 1990*

Struck, Peter, *Das Anzeiger-Hochhaus in Hannover – Seine architektonische Gestalt und seine kulturelle Bedeutung, in: Hannoversche Geschichtsblätter, Neue Folge 50, Hannover 1996*

Struck, Peter, *Höger in Hannover, in: Fritz Höger (1877 bis 1949) Begleitveröffentlichung zur Ausstellung „außen vor – Der Backsteinbaumeister Fritz Höger (1877 bis 1949)“ im Historischen Museum Hannover 1999 und im Fabrikmuseum Delmenhorst 2000, Oldenburg 1999*

Struck, Peter, *Die Villa Walshausen bei Hildesheim – Ein spätklassizistischer Landsitz von Georg Ludwig Friedrich Laves, Hildesheim 2002*

Struck, Peter, *Literarisches Hannover. 50 Dichter, Schriftsteller und Publizisten. Wohnorte, Wirken und Werke, Berlin 2004*

Toll, Hans Joachim, *Schönes Herrenhausen, Hannover 1966*

Venzmer, Wolfgang, *Hermann Bahlsen und die Kunst, in: Hermann Bahlsen, Hannover 1969*

Wörner, Martin / Hägele, Ulrich / Kirchhoff, Sabine, *Architekturführer Hannover, Berlin 2000*

Zerull, Ludwig, *Kunst ohne Dach, Hannover 1992*

Der rote Faden, *Hannover 1970*

Grün in der Stadt Hannover 1890-1990, *hrsgg. vom Heimatbund Niedersachsen e. V. 1990*

Lichtspielträume. Kino in Hannover 1896-1991, *hrsgg. Von der Gesellschaft für Filmstudien e.V., Hannover 1991*

Merian Hannover, *1950, 1963 u. 1991*

… prächtiger und reizvoller denn jemals … *70 Jahre Erneuerung des Großen Gartens, Hannover 2007*

Ungebautes Hannover. *Städtebauliche Projekte, Ideen und Utopien, hrsgg. von der AG Stadtleben e.V., Hannover 1991*

ÜBER DEN AUTOR

Dr. phil. Peter Struck, geboren 1967 in Hannover, studierte Kulturwissenschaften in Hildesheim und ließ sich in Hamburg zum Fachzeitschriftenredakteur ausbilden.

Er konzipierte Ausstellungen zur Kulturgeschichte der Stadt, veröffentlichte mehrere Publikationen zum Anzeiger-Hochhaus, schrieb seine Dissertation über den klassizistischen Baumeister Georg Ludwig Friedrich Laves und einen Literaturführer über hannoversche Schriftsteller.

Peter Struck arbeitete als Reiseleiter in Großbritannien und als Guide auf der EXPO 2000, seit einigen Jahren leitet er Führungen und Fahrradtouren für Stattreisen Hannover. Peter Struck lebt als Publizist, freier Künstler und Kurator in Hannover.

Näheres zur Person unter www.p-struck.de und zu aktuellen Ausstellungen und Veranstaltungen unter www.kronensieben.de.

Dirk Böttcher • Klaus Mlynek • Waldemar Röhrbein • Hugo Thielen

Hannoversches Biographisches Lexikon

Von den Anfängen bis zur Gegenwart

2002. 420 Seiten, 104 Abbildungen, 17,0 x 24,0 cm, Hardcover mit Schutzumschlag
ISBN 978-3-87706-706-2
€ 32,–

„Es macht auf spannende, kurzweilige, aber auch präzise Art Hannovers Geschichte lebendig – ein historisches Standardwerk."

Neue Presse Hannover

Klaus Mlynek • Waldemar R. Röhrbein (Hrsg.)

Hannover Chronik

Von den Anfängen bis zur Gegenwart
Zahlen – Daten – Fakten

1990. 352 Seiten, 65 Abbildungen, 17,0 x 24,0 cm, Hardcover
ISBN 978-3-87706-319-4
€ 26,–

Ausgewiesene Kenner der hannoverschen Stadtgeschichte haben alle wichtigen Daten zu einer Chronik zusammengetragen. Das ausführliche Sach-, Orts- und Personenregister macht sie zugleich zu einem Lexikon zur Stadtgeschichte.

Klaus Mlynek • Waldemar R. Röhrbein (Hrsg.)

Geschichte der Stadt Hannover

2 Bände

Historisch fundiert und zugleich spannend wird die Entwicklung Hannovers „vom Markt zur Metropole" beschrieben.

Band 1:
Von den Anfängen bis zum Beginn des 19. Jahrhunderts

1992. 264 Seiten, 57 Abbildungen, 20,5 x 26,8 cm, Leinen mit Schutzumschlag
ISBN 978-3-87706-351-4
€ 26,–

Band 2:
Vom Beginn des 19. Jahrhunderts bis in die Gegenwart

1994. 624 Seiten, 213 Abbildungen, 55 Tabellen, 20,5 x 26,8 cm, Leinen mit Schutzumschlag
ISBN 978-3-87706-364-4
€ 34,90